ARRÊTEZ-LE !!!

ARRÊTEZ LE PRÉSIDENT !
ARRÊTEZ TOUT LE MONDE !

RÉFLEXIONS

politiques et morales

D'UN COMMERÇANT DE PARIS

EN PRISON A MAZAS

PAR

JEAN-ALEXANDRE VIGNIX

4e ÉDITION

En vente dans tous les kiosques et chez dans les libraires et papetiers
de France et de l'Etranger

PRIX : 1 fr. 50 c.

PARIS

L. A. VIGNIX, ÉDITEUR

45, faubourg Saint-Martin, 45

1887

ARRÊTEZ-LE !!!

ARRÊTEZ LE PRÉSIDENT !

ARRÊTEZ TOUT LE MONDE !

RÉFLEXIONS

POLITIQUES ET MORALES

D'UN COMMERÇANT DE PARIS

EN PRISON A MAZAS

PAR

Joseph-André VIGNIX

1re ÉDITION

En Vente dans tous les Kiosques et chez tous les Libraires et Papetiers
de France et de l'Etranger

PARIS

J.-A. VIGNIX, ÉDITEUR

148, faubourg Saint—Martin, 148

1884

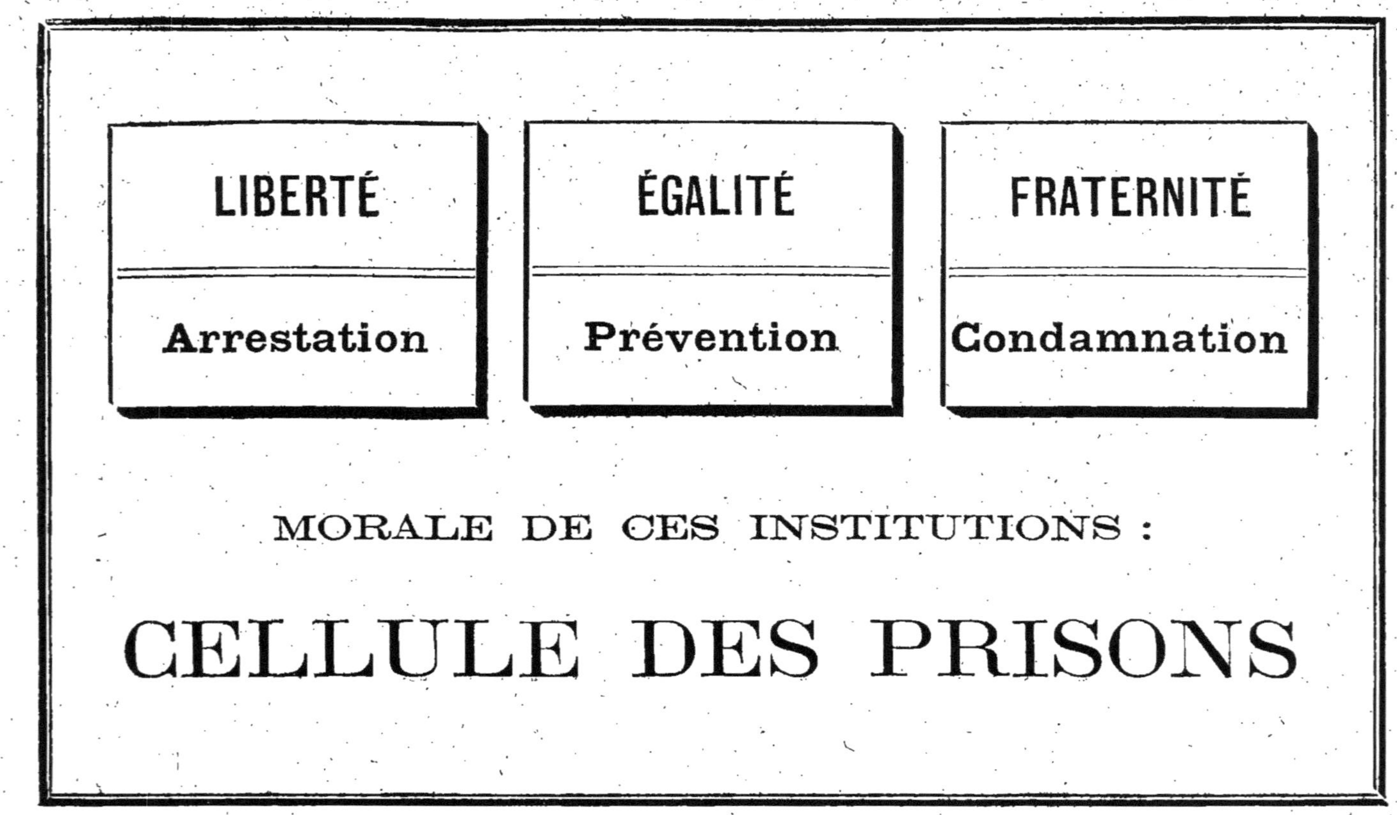

LIBERTÉ
Arrestation
ÉGALITÉ
Prévention
FRATERNITÉ
Condamnation
MORALE DE CES INSTITUTIONS :
CELLULE DES PRISONS

AVANT-PROPOS

Ecrire une brochure de réflexions politiques instructives et morales, à propos d'un évènement de la vie commerciale, semblera sans doute, à première vue, être : une folie, une aliénation d'esprit, amphibologique ou amphigourique; ce n'est ni ceci, ni cela, et bien moins encore un roman; c'est une histoire vraie, prise sur place, et dont l'auteur a été lui-même, non pas le héros, mais la victime, pendant les six plus beaux et meilleurs mois de l'année 1883, c'est-à-dire du vendredi 4 mai au mardi 30 octobre de cette année mémorable et digne de remarques en évènements politiques et judiciaires (1).

---

(1). Mardi.... 16. Janvier, arrestation ridicule du prince Jérôme Napoléon ;

Vendredi... 9. Mars, tentative de révolte par le peuple parisien avec le concours de Mlle Louise Michel, suivie de l'arrestation et condamnation *sévère* de cette malheureuse égarée ;

Vendredi... 4. Mai, arrestation illégale de l'auteur de la présente brochure ;

L'auteur de cette brochure a bien ajouté quelques réflexions appartenant à d'autres auteurs, ce qui forme ensemble le complément, mais n'est cependant pas un plagiat, attendu que pour atteindre le but qu'il s'est proposé dans ce travail, il a eu soin de respecter les noms des auteurs là où il les a trouvés, mais forcément omis là où les pensées n'étaient pas signées. Il y a donc dans cette petite

---

Samedi ..... 14. Juillet, inauguration de la statue de la *République*, place du Château-d'Eau, à Paris ;

Samedi ..... 4. Août, à 7 heures du soir, place de la République, à Paris, arrestation arbitraire et illégale de Mme Genin, voir le journal le *Petit Parisien*, n° 2488, du dimanche 19 août 1883 ;

Samedi ..... 29. Septembre, passage d'Alphonse XII, roi d'Espagne, à Paris, les sifflets..... impolis et *impolitiques*, lancés à ce jeune et *galant* monarque ;

Jeudi .... 8. Novembre, acquittement de la femme Perrin (affaire de la rue de Sévigné), par la cour d'assises de la Seine ; voir le journal *La Bataille*, n° 549 du samedi 19 novembre 1883 ;

Vendredi ... 7. Décembre, avortement de trouble place de la Bourse à Paris, et jugement ridicule des *anarchistes!* (gamins de 19 ans) ;

Décembre, acquittement par la cour d'assises des Hautes-Pyrénées, de M. Goussard, juge d'instruction de Bagnères-de-Bigorre, accusé d'attentat à la pudeur sur la petite Jeanne Lavigne, dans l'exercice de ses fonctions. Voir le journal le *Petit Parisien*, n° 2615, du mardi 25 décembre 1883.

brochure bien des phrases et des pensées profondément sérieuses et qui n'ont pas été prises au
hasard. Elles appartiennent à nos bons auteurs, et
le goût le plus sévère a présidé à leur choix; il n'en
est aucune qui puisse donner des idées fausses,
aucune qui ne dise quelque chose au cœur et à
l'esprit, aucune dans laquelle un homme intelligent
ne puisse trouver l'occasion d'une leçon de morale
bien placée ou d'un développement instructif, et
finalement une consolation dans l'adversité et en la
justice et en la raison. En un mot, l'auteur n'a rien
négligé pour rendre cette petite brochure aussi
complète qu'il était possible, en se renfermant dans
les limites de ce qui est, à tous, réellement utile à
connaître dans le cas de malheur, ou même avant,
pour ne pas perdre de vue le proverbe :

« Un homme prévenu en vaut deux. »

L'ÉDITEUR.

« Les injustices amoindrissent les petits caractères
« et élèvent les grands. »

« Quand la justice disparaît, il n'y a plus rien
« qui puisse donner une valeur à la vie des
« hommes. »

DES LOIS

La loi en général est une règle de conduite prescrite par une autorité à laquelle on est tenu d'obéir.

La loi doit prendre toute sa force dans la raison ; sa mission est de commander ce qui est juste et de défendre ce qui ne l'est pas. Le droit exprime la collection même des lois ; c'est dans ce sens qu'on distingue : 1º le droit des gens ; 2º le droit public ; 3º le droit civil ou privé.

1º *Le droit des gens*, c'est la collection des lois qui règlent les rapports et les intérêts que les nations ont entre elles.

2º *Le droit public* comprend tout ce qui intéresse l'ordre social ; c'est la collection des lois qui règlent les rapports qui existent entre une nation et les individus qui la composent.

3º *Le droit civil ou privé*, c'est la collection des lois qui ont pour objet de régler les intérêts respectifs des particuliers entre eux, dans tout ce qui concerne les affaires relatives à leurs personnes, à leurs biens et à leurs conventions ; ce droit fait l'objet de différents codes, car les intérêts que les particuliers ont entre eux peuvent être purement civils ou commerciaux.

Jules CLÉMENT,
Agrée au Tribunal de Commerce,
à Paris.

« *Tout homme, à ce titre seul qu'il est homme,*
« *a droit à la Justice, à la Sympathie et à la Li-*
« *berté. Cette idée a sa source dans l'Evangile. C'est*
« *Jésus-Christ qui l'a fait entrer dans le cœur hu-*
« *main pour passer de là dans l'état social.* »

PRINCIPES GÉNÉRAUX

APPLICABLES AUX ACTES SOUS SEINGS PRIVÉS

L'acte sous seing privé est celui qui est passé sans l'intervention d'un notaire. Toutes les conventions peuvent être passées sous seing privé, à l'exception des donations entre vifs, des acceptations de ces donations, des contrats de mariage, des constitutions d'hypothèques, des mainlevées d'inscriptions hypothécaires, des inventaires, qui demandent l'intervention d'un officier public. Les actes sous seings privés qui contiennent des conventions synallagmatiques (c'est-à-dire des conventions où les contractants s'obligent réciproquement les uns envers les autres), ne sont valables qu'autant qu'ils ont été faits en autant d'originaux qu'il y a de parties ayant un intérêt distinct; il suffit d'un original pour toutes les personnes ayant le même intérêt.

L'acte sous seing privé, quant à la formalité intrinsèque, n'est assujetti à aucune formalité particulière; il peut être fait dans la forme qu'il plaît aux parties intéressées de lui donner. Tout contrat a pour objet une chose qu'une partie s'oblige à donner ou qu'une partie s'oblige à faire ou à ne pas faire. Les choses futures peuvent être l'objet d'une obligation.

Jules CLÉMENT.

DE L'EFFET DES ACTES PRIVÉS

Les actes tiennent lieu de loi à ceux qui les ont faits, et les conventions qu'ils contiennent doivent être exécutées par eux sans pouvoir être révoquées, si ce n'est de leur consentement unanime. Tous les actes sous signatures privées doivent être faits sur papier timbré au droit établi en raison de la dimension.

Les actes faits sous seings privés qui ne sont pas sur papier timbré ne peuvent être produits en justice.

Il est fait défense aux notaires, huissiers, greffiers, arbitres et experts d'agir, aux juges de prononcer aucun jugement et aux administrateurs publics de rendre aucun arrêt sur un acte, registre ou effet de commerce non écrit sur un papier timbré.

Il est important de savoir ce que l'on doit considérer comme acte de commerce; car toutes les contestations qui s'y rapportent sont du ressort de la juridiction commerciale. Suivant l'article premier du Code de commerce, sont commerçants: ceux qui exercent des actes de commerce, et en font leur profession habituelle. Aux termes de l'article 631 du Code de commerce, les non commerçants sont comme les commerçants eux-mêmes, justiciables des tribunaux de commerce, par cela seul qu'ils sont poursuivis en raison d'actes de commerce.

JULES CLÉMENT,

Agréé au Tribunal de Commerce
à Paris

ADRESSE A L'OPINION PUBLIQUE

Nous allons voir maintenant si toutes les causes ou différends entre particuliers, associés ou intéressés sont toujours bien jugés. Nous devrions n'avoir à nous occuper ici que d'un procès commercial, ou plutôt nous devrions n'avoir à nous occuper de rien que ce soit, et pourtant nous nous sommes trouvés en présence d'un procès civil, un procès qui devait, selon le désir ou le souhait de mes adversaires, me déshonorer, me ruiner, m'écraser..... en un mot, me tuer, et qui, au contraire m'a élevé, grandi et enrichi, ou du moins donné — le moyen de m'enrichir ! Ce qui veut dire que ce ne sont pas toujours les plaignants qui ont tout le profit de leur plainte, et que pour d'autres un malheur est parfois bon à quelque chose.

J.-A. VIGNIX.

LE PROCÈS

J'étais commerçant en bijouterie dorée, fleurs artificielles et ornements pour modes, etc., patenté, contribuable, demeurant 46, rue Saint-André-des-Arts, à Paris.

Je publiais en même temps une espèce de petit journal littéraire, contenant des causeries famillières, petites annonces, etc., et que j'avais titré du nom d'*Intendant,* mais dont le but était tout particulièrement celui de *lancer* des circulaires industrielles et commerciales de ma maison, et, à cette fin, j'avais un employé aux écritures, un autre pour courses et recettes et deux commis placiers pour visiter les maisons qui tiennent, sur la place de Paris, les articles dits de Paris, de fantaisie, de modes, et de fausse bijouterie.

Au mois de mars 1883, je fis paraître dans les *Petites-Affiches Parisiennes* de la rue Jean-Jacques-Rousseau, nº 41, une annonce ainsi conçue : « On demande un employé *intéressé* avec apport de *cinq cents francs* ; appointements *dix-huit cents francs* par an ; bénéfice de 10 0/0 dans les affaires. S'adresser à M. Vignix, 46, rue Saint-André-des-Arts, Paris. »

Il se présenta plusieurs postulants au nombre desquels un certain Ceraolc (Norbert), figure énergique, se disant Breton, âgé de trente ans, travailleur et ancien commerçant, tombé *par malheur*, venant de Brest, et désirant habiter Paris ; son allure me semblait bien un peu hardie, mais il revint pendant plusieurs jours solliciter avec tant d'instance la préférence sur les autres postulants, que je crus pouvoir la lui accorder, espérant que son apparence intelligente et sa bonne tenue feraient une impression favorable dans la clientèle des affaires, et que les affaires, quoique dans ce moment fort difficiles, même languissantes, auraient pu s'améliorer ou tout au moins se maintenir honorablement (mon illusion était bien naïve). Enfin je risquai la chose, et le 13 mars je fis avec ce prétendu *travailleur*..... le contrat suivant dont voici textuellement la copie :

« Entre les soussignés, M. J.-A. Vignix, marchand de bijouterie dorée, ornements pour modes, etc., demeurant à Paris, rue Saint-André-des-Arts, 46, et M. Ceraolc (Norbert), employé, demeurant également à Paris, rue ....; nº ....., il a été entendu et convenu ce qui suit :

..« M. Ceraolc apporte, ce jour, dans la caisse de M. Vignix, la somme de *cinq cents francs*, pour occuper dans la maison Vignix la place d'employé — INTÉRESSÉ, — aux condiitons suivantes :

« M. Ceraolc, qui accepte, aura *cent cinquante francs* d'appointements par mois et *dix pour cent* de bénéfice dans les affaires qu'il apportera à la maison. Le sieur Ceraolc devra visiter les commissionnaires en marchandises et faire la place dans Paris.

« Les heures de travail sont de huit heures du matin à sept heures du soir, ou plus tôt ou plus tard, selon les besoins et dans l'intérêt de la prospérité des affaires de la maison Vignix.

« En cas de malversation ou de désaccord, les parties contractantes *devront*, pour se quitter, se prévenir *réciproquement trois mois à l'avance*, et ce, par lettre recommandée, et l'apport commercial fait par le sieur CERAOLC lui sera rendu *quinze jours* après sa sortie de la maison Vignix, ce, pour le règlement des comptes.

« Fait double et de bonne foi, à Paris, ce treize mars mil huit cent quatre-vingt-trois.

« Vu, lu et approuvé. »

Signé : J.-A. VIGNIX
— et Norbert CERAOLC.

Ces deux pièces étaient écrites de la main même de *l'intéressé*.

Cet intéressé entra donc dans ma maison à parti du 15 mars 1883. Ayant plusieurs autres employés à mon service, je lui donnai un homme pour porter ses *marmottes* (petites caisses à échantillons de modèles de bijouterie)

Pendant les premiers jours, c'était tout feu et flamme...

En rentrant le soir, ce beau soi-disant Breton n'avait rien fait, mais conservait de bonnes espérances et même des *certitudes* de grands succès commerciaux. Allons, tant mieux, me disais-je, mais il n'aimait pas l'homme qui l'accompagnait. Cet homme, était, disait-il, trop familier, trop *commun*, et il ne pouvait qu'être préjudiciable à ma maison. Je lui donnai un jeune homme d'apparence très douce et très timide, et au bout de quelques jours, mon bel intéressé (ne faisant pas encore d'affaires) trouvait que ce jeune homme était un *hypocrite* et un *sournois*, et que je ferais bien de le mettre à la porte de ma maison, ce que j'aurais dû faire, et regrettai plus tard n'avoir pas fait. Il me demanda (le Breton) deux cents francs pour payer l'hôtel où il était descendu pendant qu'il sollicitait à entrer chez moi. Trouvant cette demande un peu extraordinaire, je m'y refusai, lui promettant d'aller moi-même, régler son compte dans cet hôtel, qui est un des plus beaux de la rue de Richelieu, et qui se trouve à proximité du Théâtre-Français. Là, j'appris en effet qu'on lui avait fait crédit, par la raison qu'il avait été amené par un ancien client, et que sa note qui s'élevait à *deux cents francs* était tout simplement le prix de sa chambre, qui était une des plus belles de ce bel hôtel.

Je ne payai pas, et m'opposai entièrement à avancer cette somme, me disant : Voilà un gaillard qui vient de me déposer cinq cents francs comme *intéressé* dans ma maison, et qui m'en demande déjà *deux cents* à titre de prêt, quand il n'a encore rien fait. Ne nous laissons pas *entortiller*. Se voyant déçu dans sa demande, mon Breton ne perdit pas l'espoir de réussir ailleurs. Comme il n'aimait pas le jeune homme qui l'accompagnait, je lui donnai alors un homme plus âgé, un ancien militaire adjudant retraité, homme sérieux et honorable. Cette fois, mon Ceraolc n'avait plus à se plaindre ni à mépriser celui qui l'accompagnait, mais il fit mieux que ça, il trouva moyen de se rendre *intéressant* en empruntant à notre adjudant, les *deux cents francs* que je lui avais refusés, cette fois, ce n'était plus pour payer son hôtel, mais pour recevoir sa femme qu'il attendait de province, disait-il.

L'adjudant lui prêta les deux cents francs, et ne tarda pas à regretter de s'être laissé *emberlificoter*, car il vint bientôt me dire: Monsieur Vignix, je crois que vous ne ferez jamais rien de votre *Ceraolc*, il vient de m'emprunter *deux cents francs*, et je m'aperçois, un peu tard peut-être, que je suis *roulé*. Je crois que c'est un gas qui nous fait voir des *couleurs*, et j'ai la certitude qu'il est beaucoup plus beau *parleur*, ou plutôt plus *esbrouffeur* que travailleur.

Le 13 avril suivant, il touchait son premier mois d'appointements, soit *cent cinquante francs*, et le 18 de ce mois, je lui donnais encore *cent vingt-cinq francs* à valoir sur son second mois courant.

Dès ce jour, je commençai à devenir moins familier, et j'exigeai de mon *Breton*, avec raison, un peu plus de sérieux dans les affaires, mais comme il n'en faisait pas, il se décida tout-à-coup à quitter ma maison, sans autre formalité que de me dire: rendez-moi mes *cinq cents francs*, je les ai empruntés pour venir chez vous, mais n'y faisant pas d'affaires, je veux m'en aller. Sans doute qu'il se disait ceci: je dois *deux cents francs* à l'adjudant, en les lui rendant sur mes *cinq cents francs*, il ne m'en restera que *trois cents*, tandis qu'en gardant le tout, j'aurai *sept cents francs*, addition bien simple pour un Breton : *Rendez-moi mes cinq cents francs, je veux m'en aller !* ridicule prétention d'un *intéressé* dans une maison ; car l'acte d'engagement fait de bonne foi, sur papier timbré, vendu par le gouvernement, me faisait croire que ce dit contrat, sur ce dit papier, devait avoir une valeur incontestable, et qu'en vertu de cet acte, pour pouvoir se quitter, il fallait, ainsi qu'il y était spécifié, se prévenir *réciproquement* trois mois à l'avance. Mais il n'en fut pas ainsi, le 25 avril, mon *Breton* m'envoya sa démission par lettre recommandée dont voici la copie :

Paris, 25 avril 1883.

« Monsieur Vignix,

« Ne faisant pas dans votre maison assez d'affaires selon mes besoins, j'ai l'honneur de vous informer qu'à partir de ce jour, je vous donne, d'après nos conditions, ma démission D'INTÉRESSÉ dans votre maison ayant trouvé une place plus avantageuse.

« En attendant, je vous présente mes salutations empressées. »

Votre serviteur,

N. CERAOLC.

C'était en règle. Le lendemain de l'envoi de cette lettre, il revint à la charge avec les mêmes ridicules prétentions, c'est-à-dire d'être remboursé de suite, ou qu'il allait, disait-il, porter une plainte au Procureur de la République. Je me suis alors mis un peu en colère, et l'engageai *sérieusement* à ne faire ni bruit ni scandale s'il ne voulait pas que je le misse à la porte... avec tous les honneurs dus à son rang. Sa provocation et ses menaces de plainte au Procureur de la République m'avaient exaspéré. Me croyant dans mon droit je l'envoyai se promener... A quoi mon *Breton* se décida définitivement à faire une lettre des plus calomnieuses sans doute, et parvint ensuite par sa langue..., et probablement par quelques verres d'absinthe, à gagner et instiguer les autres employés contre moi. Il parvint même à leur faire signer sa lettre, c'était-là ce qu'il voulait du reste, se sentant à lui seul trop peu fort, et surtout nullement dans son droit, il voulait et avait besoin de renfort (système prussien) peu louable pour les *Bretons* qui toujours ont eu une réputation de braves. Celui-ci était diablement lâche et traître, ce qui prouve qu'il n'y a pas de règles sans exceptions, et que de tous temps et en tous lieux, il y eut des bons et des méchants, des naïfs et des intrigants. Or, mes autres employés se mirent *bêtement* avec mon *intéressé*, devenu chef de conspiration. Je reçus aussitôt de ces malheureux leur lettre de démission, et dès lors ils quittèrent *sottement* ma maison pour suivre *naïvement* dans les rues leur beau *Breton*. Aucun d'eux ne se disait : mais si nous faisons arrêter le patron, nous allons perdre notre argent et notre position. Non, il valait mieux agir méchamment.... que de paraître faible devant le chef du complot. Les imbéciles! vraisemblablement plus *stupides* que méchants, se laissèrent *enjoler* par ce *misérable prétentieux*.

> « *O dureté et stupidité du cœur humain, de ne*
> « *penser qu'au présent et de ne pas prévoir l'avenir.* »

Le jeudi 3 mai, jour de la fête de l'Ascension, à huit heures du matin, je vis arriver chez moi deux hommes de police en bourgeois, qui m'invitèrent *très poliment* à me rendre avec eux chez M. le commissaire de mon quartier, rue Suger (1).

Ces messieurs, cependant, me donnèrent très gracieusement le temps de me raser, de me débarbouiller, en un mot, de me nettoyer, sans prendre le moins du monde un air qui aurait pu me gêner. J'appelle cela de la diplomatie policière, et j'en apprécie les manières, car aucun homme, fût-il coupable ou grossier, n'aime pas à être brutalisé. Le système de brutalité, déjà repoussé à l'égard des animaux, doit à plus forte raison l'être à l'égard des hommes. La brutalité, en général, et par la police, en particulier, est impolitique et dangereuse. Or, mes deux émissaires étaient des hommes intelligents et prévoyants, ou tout au moins bien élevés dans leur métier et instruits dans leurs fonctions, puisqu'ils ne me gênèrent ou pressèrent en aucune façon.

Etant prêt, je les suivis avec une confiance sinon respectueuse, au moins de considération. Arrivé au bureau du commissariat, M. le commissaire, me toisant du haut en bas, fit son étude de physionomie, puis me questionna très convenablement sur mon commerce, me demanda si mes livres étaient en ordre, etc., et son adjoint (très pressé de montrer son dévouement à la justice), m'invita alors, ainsi que M. le commissaire, « celui-ci très calme, » à retourner chez moi, afin de leur remettre les livres que le parquet avait donné ordre de saisir dans ma maison. Revenu chez moi avec ces messieurs, y compris les deux premiers simples agents, il semblait qu'il dût s'y faire une perquisition au grand complet; on eût dit le prélude de l'histoire d'un grand

---

(1) Abbé de Saint-Denis, 1082-1788.

malfaiteur. On n'avait peut-être pas fait plus pour la société de l'*Union générale*, qui venait de faillir avec *plusieurs millions*. Bref, on enleva mes livres, mes papiers, mes journaux et jusqu'aux brouillons d'écriture. M. l'adjoint surtout y mit tout son zèle..... C'était un grand bel homme, sortant sans doute de la cavalerie, car il faisait tout cavalièrement, pour ne pas dire témérairement..... Il ne se souvenait pas, ou ne savait peut-être pas, ce monsieur, que le dimanche 4 septembre 1870, dé deux à quatre heures de l'après-midi, par un beau soleil d'automne, des hommes, et même des messieurs, avaient, ce jour-là, jeté à la Seine de plus beaux, aussi forts et aussi intelligents agents de police que lui. Et il ne pensait sans doute pas, pendant qu'il prenait envers moi un air de seigneur et maître, que, dans le cours de sa vie, il pourrait encore bien y avoir plus d'un 4 septembre à Paris.

> « *Si vous croyez savoir beaucoup de choses et y être*
> « *assez habile, songez que vous en ignorez infini-*
> « *ment plus que vous n'en savez.*

> « *Quel sujet avez-vous de vous estimer plus*
> « *qu'un autre, puisqu'il y en a tant qui en savent*
> « *plus que vous ?* »

Cette perquisition terminée, le tout enlevé par M. l'adjoint, on m'invita de nouveau à retourner au bureau. Là, M. le commissaire fit encore quelques questions dont les réponses furent notées par M. l'adjoint, mais, comme c'était jour de fête, le commissaire remit l'interrogatoire au lendemain. Je pouvais donc rester chez moi, libre de m'en aller, si je m'étais senti coupable de la moindre chose qui eût pu donner suite à une arrestation.

Comme je n'avais rien sur la conscience, j'étais parfaitement tranquille, et le lendemain, vendredi 4 mai, à neuf heures du matin, je me rendis de nouveau au bureau du commissariat, où M. l'adjoint prit note, non pas précisément des réponses que je lui donnais sur les demandes qu'il était chargé de me faire, mais bien plus particulièrement des pensées que lui suggéraient mes réponses.

A quoi je le priai très poliment, à deux reprises différentes « d'être équitable «, et il me répondit aussitôt : Que si je le répétais une troisième fois, il en prendrait note comme *insulte*. Voyant ce ton d'autorité suprême, je crus prudent de ne plus rien faire observer, et tout sage me dira que jai bien fait de me taire, ou du moins que c'était ce que j'avais de mieux à faire.

> *« Il est plus aisé de se taire tout à fait que de ne*
> *« pas trop parler. »*

Enfin, nouvelles demandes et réponses, et M. l'adjoint me présenta la feuille, en me disant d'un ton grave (ou arrogant): « Signez! » J'osai cependant me permettre de lui demander ce que j'avais à signer, et quand il eut fini de lire, je me permis de lui dire : « Vous voulez me perdre, je le vois bien, ou plutôt je l'entends. Il replaça la feuille devant moi, disant de nouveau : « Signez. » Et je signai comme un gros benêt. L'adjoint mit cette feuille de côté, fit une lettre (que je pouvais bien considérer comme nne lettre de cachet de 1700), excepté que celle-ci était signée par M. le commissaire de police au lieu de l'être par Louis XV.

Puis, un autre monsieur de la police, porteur de la dite lettre, m'invita poliment à le suivre. Celui-ci (toujours en habit bourgeois), me conduisit librement au poste de police de la rue Gît-le-Cœur, et là, deux agents, cette fois en uniforme et nantis à leur tour de la lettre en question, m'invitèrent à les suivre. Je dois cependant avouer que tout cela se faisait avec une certaine courtoisie toute parisienne; rien d'arbitraire, rien d'humiliant, et c'est avec une certaine apparence de politesse que ces deux hommes me conduisirent à la Préfecture. Arrivé là, dans ce mystérieux monument, ils remirent la lettre à un simple employé, chargé, à son tour, de la remettre à qui de droit, et le tour était joué. J'étais en sûreté.

On me fit alors passer dans un bureau où je dus donner mes nom, âge, lieu de naissance, etc., et de là, je fus incarcéré dans une cellule portant le n° 16, et qui se trouve au premier étage, en face de la grande porte d'entrée. Le gardien de cette porte, de sortie ce jour-là, était également très poli ou considérant.

Je dois même, à la louange de ces employés, dire que, pris en général, tous ces hommes de garde (en grand nombre), me parurent, dans leur ensemble, très convenables pour des préposés à la garde de gens arrêtés, et qu'il n'y avait pas là, selon moi, aucune de ces grossièretés ou brutalités... dont certains journaux se plaisent parfois à parler. Ma cellule n'était ni bien propre ni sale; elle était assez claire; il y avait une petite table attachée au mur, une chaise, un bidon et une cuvette à eau, un lit avec un matelas tout tendu (pas de draps,) et une couverture gris-cendre, un peu douteuse de propreté. Vers trois heures de l'après-midi, on m'apporta, dans une gamelle de fer battu, des haricots cuits à l'eau, mais comme je n'avais pas le cœur à manger, je n'eus pas seulement envie d'y goûter; le soir venu, brisé de

fatigue, surpris de me trouver enfermé, je me jetai sur
le lit tout habillé, et passai la nuit sans fermer les yeux,
et le lendemain matin, vers six ou sept heures, on m'apporta un petit pain bis, puis un instant après une gamelle de soupe. Je ne touchai pas au pain, mais je
goûtai à la soupe que je trouvai assez bonne, peut-être
parce qu'elle était chaude et que, moi, j'avais froid, de
ce que je n'avais pas dormi de toute la nuit..

Vers midi, ma femme et ma belle-sœur vinrent, sans
pouvoir me voir, m'apporter quelques douceurs et un
peu d'argent. Je passai la journée à marcher, à me coucher, à me relever, à remarcher, à me recoucher, ou
plutôt à me démoraliser de cette triste situation.

Le dimanche 6 mai, dans l'après-midi, mon gardien
me fit sortir de ma cellule et me livra à un garde de Paris, qui me mit une petite corde à la main droite, me fit
traverser la cour de la Préfecture, sans quiter ce corps
de bâtiment, me fit monter une centaine de marches, et
arrivé en haut, je me trouvai dans un atelier de photo-
graphie, où on me fit l'honneur de me faire — poser —
et de me photographier.

Le lundi 7, on me nota sur les registres du petit Parquet. Là, les affaires marchaient un peu plus ronde-
ment. Un monsieur, un juge de première instruction ou
greffier, sans doute, me dit d'un air narquois : « Vous
êtes inculpé d'*escroquerie*. »

Vous êtes innocent sans doute, signez. — Signer
quoi? demandai-je. — Que vous êtes innocent. — Je ne
dis pas que je suis innocent ou coupable ; mon affaire
n'est pas une affaire civile, c'est une affaire purement
commerciale. Me souvenant de mon adjoint de police, je
dis hardiment : je ne signerai que *ma* déclaration. Alors
le secrétaire prit une autre feuille, et nota ma réponse

« Mon affaire est une affaire commerciale et non civile, »
à quoi je signai et fus ensuite reconduit dans ma cellule,
pour continuer à y méditer sur les procédés..... judiciaires.

Le mardi 8, à huit heures du matin, on vint me faire
sortir de mes réflexions révoltantes..... et de ma cellule,
pour me faire entrer dans une pièce du rez-de-chaussée
où je me trouvai alors avec un certain nombre de sou-
teneurs de filles publiques et de vagabonds. On me fit
déshabiller nu, et on me visita le corps et les vêtements,
tout comme aux autres prévenus; c'était là de la vraie
égalité. Après cette humiliation, on nous fit tous monter dans une voiture cellulaire, divisée en petits compar-
timents étroits, obscurs, chacun donc dans cette espèce
de case serrée comme la petite cage d'une bête fauve
d'une ménagerie en voyage, et en route pour *Mazas*.

Etant dans cette voiture il était impossible de distin-
guer par quel chemin on nous conduisait, nous ne fûmes
cependant pas longtemps en route pour arriver de la
préfecture au boulevard Diderot, en face de la gare de
Lyon. Il était environ dix heures lorsque nous y arrivâmes. Inutile de dire que l'on nous fit de suite passer
dans le bureau du greffe pour nous y faire inscrire. On
prit notre signalement, ainsi que la forme et la couleur
de nos vêtements. Mais ce qu'il importe de citer, c'est
qu'on fait ensuite passer le prévenu dans une cellule de
bains, et que là, il doit de nouveau se mettre nu, c'est-
à-dire qu'on lui prend sa chemise ainsi que ses vêtements, pour les pendre pendant deux jours dans une
pièce réservée à la fumigation de soufre et que, par mesure de propreté sans doute, le prisonnier passe dans
un bain sulfureux. Je dois cependant avouer que concer-
nant ce bain, il y a quelques exceptions. Moi, j'ai obtenu

celle de passer dans un bain ordinaire, ce qui, dans cette circonstance, me faisait beaucoup de bien.

On me donna ensuite une chemise en grosse toile grise et des vêtements de prisonnier, très propres; et on me dit : « Mettez ceci, demain on vous rendra vos habits. » J'eus donc là le bonheur d'inspirer quelque considération; car on me conduisit ensuite (encore comme par faveur), dans une cellule de rez-de-chaussée portant le n° 38 de la 4ᵐᵉ division. Arrivé devant cette *alvéole*, la porte en était ouverte, j'hésitai d'avancer « Entrez, me dit le gardien, tout à l'heure je vous apporterai vos draps de lit. J'entrai, et — cric-crac, la porte était fermée, et j'étais dedans. — Je le répète, cette cellule était très propre et assez claire, ce n'était pas du tout un *cachot*, ainsi que le monde s'en fait souvent une idée, ou comme certains journalistes se plaisent parfois à le publier, sans jamais en avoir rien vu, ou par malignité..... Cependant, je dois avouer que tout brave et courageux que je prétendais être, au premier moment, je fus saisi d'épouvante..... de me trouver seul, enfermé entre quatre gros murs.

Il n'y avait là qu'une petite table (tenant à la muraille), une chaise (tenue à la table par une chaîne de fer), un matelas roulé et posé dans un coin sur une tablette, puis une pièce de toile tournée autour de deux gros bâtons pour servir de *hamac;* et dans l'autre coin, un siège pour les besoins ordinaires, dont l'odeur ne ressemblait nullement à l'encens d'une cellule de couvent de dames.

Dans un autre coin, un bidon rempli d'eau de Seine, c'est-à-dire beaucoup plus sale que propre. Je voulus en boire, mais n'y trouvant que des ordures (rien de M. Poubelle), je préférai m'en passer. Je me laissai tomber sur la chaise qui tenait, comme je viens de le dire, à la table par une chaîne de fer.

Je m'appuyai les coudes sur cette table, tenant ma tête entre les deux mains, je ne pleurais pas, mais je suffoquais, j'étouffais de douleur.....: et je me demandais s'il était raisonnablement encore possible que des hommes préposés..... à notre gouverne, autrement dit, *payés* pour nous gouverner, eussent le *pouvoir* d'incarcérer un être humain dans une pareille solitude..... sans devoir en rechercher préalablement, munitieusement le droit et la légalité. Je trouvais ce procédé épouvantable!... dans ce prétendu siècle de progrès et de civilisation! de *Liberté!* d'*Egalité!* et de *Fraternité!* et notons que nous étions (8 mai) au printemps, je veux dire au plus beau moment de la nouvelle saison, où les arbres et les fleurs naissent comme par enchantement, où les oiseaux gazouillent et cherchent déjà le nid de leurs amours..... et que, pour l'homme qui entre là, dans cette cavité humide..... en hiver, par une journée brumeuse..... de pluie fine et froide, qui perce les habits, froidit les chairs et gèle les moelles..... ce doit être effrayant!!... sur les portes de l'enfer, dans le poème enfanté par son génie, Dante a dit que les mots suivants étaient gravés : « *En entrant, laissez toute espérance.* » Ces cruelles paroles, qui ôtent à l'homme jusqu'au rêve d'un sort plus heureux, pourraient bien se graver sur la porte des cellules de Mazas. J'étais tout tremblant.... plein d'angoisses et brûlant de fièvre, la tête en feu, égaré..... tout à coup, ma porte s'ouvrit, mue comme par un ressort! C'était mon gardien suivi d'un prisonnier (condamné) appelé *auxiliaire*, qui m'apportaient mes draps de lit, qui étaient en grosse toile grise, mais d'une fraîcheur sans égale. L'auxiliaire se retira, et le gardien m'expliqua la manière dont je devais monter mon lit (le hamac) « il fallait, disait-il, suspendre cela aux chaînes qui tenaient dans les deux murs de côté, y jeter le matelas, placer les draps, y mettre la couverture, et me coucher de suite, si je voulais, ajouta-t-il. » Je lui demandai à ce qu'il fît renouveler l'eau du bidon, ce qu'il ne tarda pas à faire faire ; en même temps, il m'apporta un morceau de pain bis, en me disant : « Tenez, Monsieur, si vous avez faim, mangez çà, en attendant le *rata.* » Je demandai ensuite du papier à lettre, quelques enveloppes, plumes et encre pour écrire, et un moment après, j'obtenais de ce gardien ce que je venais de désirer, et tout cela avec la politesse la plus exquise.

> « *La bonté a sa beauté qui orne jusqu'aux plus*
> « *laids visages.* »

Quoique très agité, je ne me sentais pas du tout disposé à me coucher, et je me mis à écrire, autant pour me distraire que pour m'instruire.

J'écrivis tout d'abord une lettre à ma femme pour l'informer de ma nouvelle situation, etc. ; et pour ne pas retomber dans des méditations ténébreuses.... je crus devoir noter ce qu'il y avait dans cette cellule (et je suppose qu'il en doit être de même dans toutes les autres), quatre ou cinq petites affiches auxquelles le prisonnier ne fait guère attention, et qu'il importe pourtant fort de ne pas laisser là, sans les étudier....• Elles démontrent l'ordre, la consigne et la morale de la maison..... Je ne donnerai ici copie que des trois principales, comme ayant plus de rapport avec le but de mon livre.

Voici la teneur de la première :

1re Affiche

MAISON D'ARRÊT DE MAZAS
État des objets composant le mobilier de la cellule d'un détenu valide

Un hamac ; un matelas de laine et crin.
Couverture de laine beige (2 en hiver, 1 en été).
Deux draps de toile, d'un lé.
Une table à tiroir ; une chaise ordinaire.
Une gamelle de fer battu étamé.
Un bidon, idem ; un gobelet, idem.
Une cuiller de bois, une terrine pour la toilette.
Un gégneux-crachoir ; un balai de chiendent.
Un balai de bouleau ; trois tablettes de bois blanc.

Signé : LE DIRECTEUR.

Il était nécessaire de copier cette affiche, les suivantes ont besoin d'en parler pour donner des ordres à observer.

2· Affiche

RÈGLES A OBSERVER

PAR LE DÉTENU PLACÉ DANS LE PROMENOIR

Le détenu, pendant la promenade (solitaire), doit observer le plus grand silence ; il ne doit rien jeter par dessus les murs, ni chercher à établir des intelligences par signes ou paroles avec d'autres détenus ou gens du dehors.

Il ne doit commettre aucune dégradation, ni écrire ou tracer des caractères sur les murs, de quelque manière que ce soit.

S'il a besoin d'aller aux lieux d'aisances, il frappera à la porte, afin que le surveillant lui ouvre.

Il s'adresserait au surveillant placé à l'extérieur du promenoir, dans le cas où il aurait quelque chose d'urgent à demander, — toute infraction à ces prescriptions sera punie conformément au règlement.

Signé : LE DIRECTEUR.

3· Affiche

RÈGLEMENT A OBSERVER

PAR LE DÉTENU PLACÉ DANS LA CELLULE

Il est expressément défendu de chanter, de parler à haute voix ou de chercher à établir des communications avec les autres détenus, soit dans la maison, soit au promenoir.

Le détenu doit tenir sa cellule constamment propre et ne faire aucune inscription, ni dessin sur les murs, sous peine de punition.

Il lui est expressément recommandé de ne faire aucune dégradation dans sa cellule, ni aux livres et objets mobiliers et de literie qui lui sont confiés ; en cas d'infraction, le détenu, outre la punition qu'il encourra, sera rendu responsable des dégâts.

Il doit tenir dans la plus grande propreté le siège et la cuvette du conduit d'aisances et n'y jeter que l'eau absolument nécessaire au maintien de la propreté.

Pour assurer l'aération de la cellule et enlever toute

mauvaise odeur, il faut, lorsque la fenêtre est ouverte, boucher l'orifice du siège d'aisance à l'aide du tampon de bois à ce destiné; et il faut, au contraire, ôter ce tampon lorsque la fenêtre est fermée. — Le couvercle à charnières doit, dans tous les cas, être abaissé.

Tous les matins, à l'heure qui sera indiquée par le surveillant de sa section, le détenu roulera son hamac et son matelas, et les placera bien sur la tablette.

Les couvertures et les draps seront pliés avec régularité et placés sur la tablette qui se trouve au-dessus de la porte.

L'heure de dresser le lit, le soir, sera également indiquée par le surveillant, les lits ne devant jamais être tendus pendant le jour.

Lorsque le détenu a besoin de parler au surveillant, il doit tirer la poignée de bois placée à côté de sa porte, pour le prévenir.

Il ne doit point appeler de la voix et surtout ne pas déranger, sans un motif urgent, les préposés à la surveillance.

Lorsque le détenu ira au parloir, au promenoir ou au greffe, il devra s'y rendre avec célérité et en observant le plus grand silence.

Il recevra à sa sortie de cellule une petite plaque qu'il devra rendre au surveillant à sa rentrée.

Après avoir mangé et, au plus tard, une demi-heure après la distribution des vivres, le détenu placera sa gamelle sur la planchette située devant le vasistas de sa porte.

Si le détenu désire être visité par le médecin ou avoir d'urgence un entretien avec le Directeur, l'aumônier ou autres employés, il en préviendra le surveillant. Le détenu peut également réclamer la visite du contrôleur

des services des prisons ou lui faire passer ses récla-
mations.

Le détenu qui veut interjeter appel du jugement qui
le condamne doit, *dans les dix jours qui suivent*, écrire
à M. le Procureur de la République, mais il ne signera
pas sa lettre. Il sera appelé à cet effet au greffe où sa
signature doit être légalisée.

Dans le cas où le détenu ne saurait pas écrire, il ferait
connaître verbalement au surveillant son intention de
former appel.

Lorsque le détenu sera au parloir avec son visiteur,
il ne devra élever la voix qu'autant qu'il sera nécessaire
pour se faire entendre; dans le cas contraire, le surveillant, chargé de la police, le ferait immédiatement
rentrer dans sa cellule.

Toute infraction sera punie.

AVIS

Les détenus sont prévenus que toutes les lettres
qu'ils adressent aux autorités administratives et judiciaires peuvent être remises *cachetées* entre les mains
du Directeur, par les soins duquel elles seront immédiatement envoyées à leur destination.

Voilà, me disais-je, une faveur de première distinction
et de supériorité morale; elle a son bien de discrétion
et d'activité impartiales.

Le soir, mon gardien vint me retirer la plume et
l'encre en me disant : « Monsieur, je le regrette, mais il

faut une faveur spéciale de M. le Directeur pour pouvoir laisser ces objets dans votre cellule. » Je n'avais qu'à m'incliner devant cette règle dont je ne comprenais nullement la raison, et je me couchai sans chercher à l'approfondir. Je m'endormis de suite, et ne me réveillai que le lendemain à la visite du gardien, c'est-à-dire au réveil de six heures du matin.

On m'apportait alors le petit pain bis; à 8 heures la soupe (que je mangeai) et à 10 heures mon gardien me rapporta la plume et l'encre en me disant : « Monsieur, voici de nouveau le nécessaire d'écriture que je vous rapporte, profitez-en le plus possible jusqu'au soir. »

Dans l'après-midi, on me rapporta mes vêtements, c'est-à-dire ma chemise, mon pantalon, mon gilet et mon paletot; je rendis le pantalon et la veste de la prison et je gardai la chemise de cette maison; car la mienne n'était plus mettable, l'odeur du soufre me suffoquait déjà par mes habits que j'étais néanmoins fort heureux de pouvoir remettre, car ceux de la prison, quoi qu'il n'y avait que deux jours que je les eusse, étaient *durs* à porter.

Ayant repris les miens, j'écrivis une longue lettre à mon frère, négociant, marchand de vins, à Paris, afin de l'informer de mon malheur et le prier de venir me voir aussitôt que possible.

Le jeudi 10, je reçus de ma femme un paquet de linge, un peu d'argent et quelques douceurs en nourriture et en boisson, c'est-à-dire un peu de viande, une bouteille de vin, une autre de café, un petit paquet de sucre, du tabac à priser, etc.; je lui avais demandé ces objets dans la lettre que je lui adressai le 8. Je mangeai un peu, je bus un verre de vin, un peu de café et mes facultés intellectuelles étant un peu remises, je passai ma journée à lire une partie des contes moraux de M. de Marmontel, mon gardien m'avait apporté ce livre en remplacement de la plume et de l'encre qu'il m'avait repris ce jour-là pour les prêter à un autre prévenu, avec promesse de me les rapporter dans deux jours ; je lus, dis-je, mais je ne compris pas grand'chose, ma situation ne me disposant certes pas à la lecture, même à celle des œuvres de M. de Marmontel.

> « *Pourquoi vous troublez-vous de ce que les choses*
> « *ne vont pas au gré de votre inclination et de vos*
> « *désirs ? Quel est celui à qui tout succède selon*
> « *qu'il le souhaite ? Ce n'est ni vous, ni moi, ni qui*
> « *que ce soit sur la terre. Il n'y a personne en ce*
> « *monde, fût-il roi ou pape, qui n'ait quelques*
> « *afflictions et quelques traverses.* »

J'avais beau me souvenir de cette noble morale, je n'en revoyais pas moins la suivante :

> « *Il n'y a point de douleur plus amère que de se*
> « *souvenir du temps heureux quand on est dans le*
> « *malheur.* »
> « *Nessum maggior dolore che ricordarsi del tempo*
> « *felice nella miseria.* »

LE DANTE.

> « *La douleur est le plus éloquent des maîtres,*
> « *ainsi que nous l'enseigne un saint écrivain dans*
> « *un mot plein d'énergie et de vérité :*
> « *Que sait-il celui qui n'a pas souffert.* »

Le vendredi 11, dans la matinée, je fus transporté au Parquet pour comparaître devant M. Atthalin, juge d'instruction.

Il est sans doute fort facile à comprendre que ce trans-

2

port de la prison de Mazas au Palais de Justice se faisait en voiture cellulaire, mais ce qui est incompréhensible et semblera même incroyable, c'est qu'arrivé dans ce Palais, attenant à la Préfecture et à la conciergerie, où tout devrait être, sinon distingué, au moins un peu considéré, il y avait là des surveillants d'une grossièreté brutale incomparable. Dans une espèce de sous-sol, le prévenu le plus honnête, le plus innocent du jour, y était mené, *poussé* et *fourré* en signe d'égalité ! avec des rôdeurs de barrières, des vagabonds et des voleurs..... quatre ou cinq ensemble dans un cachot (ici un *vrai cachot*), c'est-à-dire un trou noir, sale, infect, puant, sans air ni lumière.

Cela se faisait avec une brutalité..... sauvage, dont on ne voit sans doute plus d'exemple dans l'île de *Sumatra*.

Ici, au *Palais* de *Justice* de PARIS, en l'an de grâce 1883, les employés, gardiens, surveillants des *accusés* coupables (ou par erreur) dans le sous-sol de ce *Palais!* se croyaient sans doute les plus vertueux..... du monde, des *infaillibles*, quoi ! pour qui tous ceux qui avaient le malheur de devoir passer par leur *surveillance* n'étaient que de la chair à *Cayenne*, de la *charogne*. Eux, seuls, étaient des modèles de sagesse, de vertu, de morale et de probité, des *chérubins*, quoi ! Les accusés n'étaient que des vauriens, moins que des chiens.

Or, selon ces bons et *doux* gardiens, ces *cachots* étaient bien assez bons pour y rester trois ou quatre heures, en attendant que le juge d'instruction chargé de votre affaire vous fît appeler. Enfin, vers une heure de l'après-midi, un garde de Paris vint me chercher, me fit monter trois étages et entrer dans le cabinet de ce Magistrat (bien digne de l'être), beau brun, portant toute la barbe, yeux noirs, et néanmoins figure douce et agréable, faisant très poliment, très *adroitement* et *politiquement* son dur métier, je dis *dur métier* par ce que ce n'est vraiment pas *flâner* que d'être là, du matin au soir, comme un simple employé d'administration, j'entends d'administration industrielle, un surveillant de fabrique, esclave chargé d'entendre, de *deviner* et de chercher à découvrir toutes sortes de méfaits, cela pour un homme de bonne famille, je le répète, ce n'est vraiment pas *flâner*.

Certaines personnes pourraient avoir à se plaindre de l'*astuce* et de la *perspicacité* d'un tel homme, moi, au contraire, je n'ai aujourd'hui qu'à m'en louer. M. Atthalin, par son zèle..... dans son métier, a voulu (lui aussi) contribuer à me perdre, et il a, au contraire (sans le prévoir bien entendu), contribué à faire, si non mon bonheur, au moins, ma consolation. Je lui dois donc des remerciments, que je lui adresse en passant; car, sans lui, je ne serais pas allé en prison, je n'y aurais pas appris tout ce que l'étude et l'expérience m'ont donné occasion d'apprendre, et je n'aurais jamais eu à publier la présente brochure qui, par le nombre d'éditions qui suivra forcément celle-ci, relèvera ma réputation.

En attendant, revenu à Mazas, vers six heures du soir, j'y mangeai mes *lentilles* règlementaires du vendredi, je bus un verre de vin, je fis mon lit et je ne tardai pas à me coucher, mais je ne dormis pas. Toute la nuit, je pensai à cette instruction, et je n'y prévoyais, hélas! rien de bon.

Le samedi 12, je redemandai la plume et l'encre, ce qui me fut de suite apporté, et j'adressai à ce Magistrat la lettre suivante:

Paris (Mazas)
Samedi 12 mai 1883.

—

« Monsieur le Juge,

« Comme vous m'avez dit hier que je pouvais vous écrire en cas où j'eusse quelques observations à vous adresser, je me permets de vous faire remarquer que toutes les recherches que vous vous donnerez la peine de faire n'aboutiront jamais à me trouver coupable d'*escroquerie;* les contrats d'engagement dans une affaire commerciale sont *incontestables* et ne sont pas du ressort de la jurisprudence civile ou correctionnelle, mais bien de celui du tribunal de commerce.

« Ensuite la morale de cette histoire fera, si vous vous obstinez à la prendre de votre compétence, non seulement la ruine de ma maison et le déshonneur de ma famille, mais encore la perte de l'emploi et de l'argent de tous mes employés, et cela pour satisfaire la *méchanceté*..... d'un seul. Or, ne serait-il pas plus sage et plus logique de votre part de renvoyer ce maladroit, malicieux ou *vicieux* plaignant à son devoir, qui est de terminer honnêtement et loyalement son engagement et attendre l'époque de l'échéance du remboursement (qui est au mois de juillet seulement) pour me traiter d'*escroc* s'il y a lieu ?

« Hier, vous m'avez parlé de *manœuvres frauduleuses* que j'aurais, soi-disant, employées pour m'approprier, dites-vous, le bien d'autrui et vous basez ces *manœuvres* frauduleuses sur une étiquette portant le mot *atelier* que j'ai mis sur la porte de ma cuisine ; cette cuisine tait en réalité un atelier, pourquoi en douter ? ne peut-on pas transformer une *écurie* en atelier ? en retirant les bestiaux, et en y plaçant des établis et des ouvriers, cette écurie devient un atelier. Et ainsi de toute autre place. J'en ai la preuve ici dans la maison de Mazas, où il y a, inscrit sur une petite porte : *Parloir des avocats* et quand on y entre, on se trouve dans une cellule de voleur ! sont-ce là, des MANŒUVRES FRAUDULEUSES ? Cette hypothèse est au moins ridicule.

« Vous m'avez parlé de mes circulaires, de la poudre aux yeux..., etc. Mais on ne voit que cela dans Paris, de la réclame commerciale.

« Vous m'avez parlé de *maison sérieuse*, qu'entendez-vous, monsieur, par *maison sérieuse* ? est-ce sur la moralité ou sur le chiffre d'affaires, qu'une maison est qualifiée de *sérieuse*? si c'est sur ce dernier point, alors qu'il me soit permis de vous faire observer qu'en ce cas, il doit y avoir en ce moment un bien grand nombre d'honnêtes maisons qui ne sont plus sérieuses du tout ; avec la crise, je dirai même, la décadence commerciale qui règne en maître, les affaires deviennent de plus en plus déplorables... la pétition des commerçants de Paris au Président de la République et la tentative de révolte par les ouvriers sans travail, en sont des preuves irréfutables. Est-ce sur la moralité ? alors je puis donner un exemple : à côté de ma porte, il y a un petit commerçant que l'on peut, je crois, désigner comme l'un des plus honnêtes citoyens de la ville, sa femme, comme l'une des plus honorables mères de famille ; mais ces bonnes gens ne font pas d'affaires, leur commerce consiste en articles de fantaisie, de luxe, et le luxe (*sous la République*) tend à disparaître. Sous la République, il ne faut pas de luxe, disent les anarchistes..... il faut l'*Egalité!* tout le monde en blouse. Et avec ces insensées prétentions, mes voisins meurent de faim (comme les ouvriers), et leur maison n'est plus (comme autrefois) une maison *sérieuse*. Cependant, de l'autre côté de ma porte, il y a aussi une autre maison où le *patron*, pour faire *ses affaires*, ne se trouve souvent que dans les brasseries à femmes, ou chez le marchand de vins, buvant devant le comptoir plusieurs verres d'absinthe, et ne rentrant chez lui que quand il ne peut plus se tenir sur les jambes, et sa femme, qui s'entend fort bien à son *industrie* (maison publique) et qui est tout-à-fait d'*accord* avec son *régisseur* ainsi qu'avec les malheureuses filles que l'on y exploite... fait *parfaitement* marcher le *commerce*, est-ce là une *maison sérieuse*?

« J'aime à croire, Monsieur le Juge, qu'une maison sérieuse est celle où les patrons soignent et surveillent honorablement leurs affaires, où l'intelligence et l'activité commerciales, jointes à l'ordre et à la probité, remplacent la paresse et la débauche... et si malgré toute l'énergie et la bonne volonté, guidée par une conduite honnête, exemplaire, cette maison, soit par les malheurs du temps, soit par les fatalités... ne fait pas ou plus d'affaires, elle n'en est, selon moi, pas moins une maison sérieuse. Or, Monsieur le Juge, mon plaignant *Ceraolc*, peut-il vous alléguer un seul grief sur ma conduite ou sur mon train de maison? Non, sa plainte n'est fondée que sur la raison *qu'il ne fait pas assez d'affaires*, mais cela n'empêche qu'il doit respecter son contrat et son engagement jusqu'au bout, et j'espère, Monsieur le Juge, que vous serez de mon avis, et que l'équité et la *justice* vous guideront sur ce point politique et moral, car j'aime à croire, en outre, que vous n'êtes pas un descendant de certains trop fameux magistrats improvisés de la Commune de 1871, même sous la République de 1883. En attendant, croyez, Monsieur, à mes civilités les plus empressées,

avec lesquelles j'ai l'honneur d'être votre serviteur très
humble. »   J.-A. V....

Ce même jour, j'adressai à M. Oscar Falateuf, bâtonnier des avocats, la lettre suivante :

Paris (Mazas)
Samedi 12 mai 1883.

—

« Monsieur le bâtonnier,

« Je viens d'être arrêté et même transporté de la préfecture à Mazas sous l'inculpation d'*escroquerie*. Je suis
commerçant (patenté) en bijouterie dorée, ornements
pour modes, etc., rue Saint-André-des-Arts, 46, où je
pris dernièrement pour ce dit commerce un employé
intéressé avec apport de 500 fr., aux appointements de
150 fr. par mois et 10 0/0 de bénéfices dans les affaires,
ainsi qu'il appert d'un contrat *synallagmatique* fait en
double sur papier timbré par l'intéressé lui-même.
L'engagement spécifie tout particulièrement que, pour
se quitter, les parties devront réciproquement se prévenir trois mois à l'avance, et que l'apport sera remboursé lors de la sortie de la maison, engagement que
cet *intéressé* a voulu violer au bout de six semaines,
prétendant être remboursé à sa fantaisie, c'est-à-dire
de suite, prétention à laquelle j'ai refusé de me soumettre, me croyant *légitimement* dans mon droit, droit
que le prétendant n'a pas voulu admettre ; ce qui l'a
décidé à porter une plainte à ma charge, plainte que le
parquet a cru fondée et qui a déterminé mon arrestation.

« Le juge d'instruction, M. Atthalin, chargé de cette

affaire, paraît tout disposé à admettre l'accusation. Ces messieurs (les magistrats) ne demandent sans doute qu'à trouver ou *fabriquer* des coupables (ça leur donne probablement de l'avancement dans leur position); toujours est-il que je m'aperçois que je vais passer en jugement.

« Dans cette malheureuse circonstance, sachant ma maison fermée, ma femme et mon enfant dans la désolation, prêts de se trouver dans la misère... je me vois donc obligé, monsieur le bâtonnier, de vous prier de m'envoyer le plus tôt possible un avocat d'office ; mais qu'il me soit permis de vous prier, en outre, de ne pas m'en choisir un blond. Je ne conteste pas le talent de certains avocats blonds, quand ils ont acquis l'expérience que donnent les années, mais ordinairement ils sont trop bons ou trop doux, et, dans mon affaire, j'ai besoin d'un homme énergique, qui sache soutenir le droit d'un contrat, la valeur d'un engagement fait sur timbre, en un mot soutenir *énergiquement* le droit de l'égalité. Voilà pourquoi, monsieur le bâtonnier, je vous prie de m'envoyer (s'il vous est possible) un avocat *brun* ou noir.

« Mon affaire n'est pas de la compétence d'un tribunal civil, pas même d'un tribunal de commerce, puisque l'échéance ne doit arriver qu'en juillet prochain, or bien moins encore d'un tribunal correctionnel. Mon arrestation et le maintien de mon arrestation sont arbitraires et illégaux, et cela se passe sous la République ! on pourrait plutôt se croire sous les plus mauvais jours de la Commune de 1871.

« J'ose espérer, monsieur le bâtonnier, que le tribunal appréciera et que l'avocat que vous me destinerez n'aura pas très grand mal à me défendre. Cependant, je crois qu'il serait urgent qu'il eût, sinon les cheveux et les yeux noirs, au moins bruns très prononcés, et qu'il soit décidé à faire *tempête*... s'il en voit la nécessité, car il est connu qu'il est difficile que ce qui s'affirme avec le plus de vérité soit parfaitement compris dans son véritable sens par ceux qui sont déterminés à croire le contraire : il faut donc prouver, non par la douceur, mais par la force, autant que par le droit.

« Entre temps, veuillez agréer, monsieur le bâtonnier, avec mes remerciements anticipés, mes salutations les plus distinguées. »

J.-A. V...

Le dimanche 13, fête de la Pentecôte, à neuf heures du matin, après la soupe surnommée *bouillon*, sans doute à cause de sa ressemblance à une tisane de fleurs de *guimauve*, à neuf heures, donc, le gardien vint ouvrir et entrebâiller (quoique toujours tenue) ma porte comme il faisait à toutes les autres cellules, quand tout à coup des accords harmonieux, touchés sur un harmonium, retentirent dans l'espace de toutes les divisions de la prison. C'était l'office religieux (de la religion catholique) qui allait se célébrer pour tous les prisonniers, sans distinction de culte ; et une douzaine de voix entonnèrent *largement* et avec un certain ensemble de goût musical le chant liturgique romain.

Sans être dévot, ce chant, cet accompagnement d'imitation d'orgue entendus de loin, dans une prison, m'impressionnèrent au point que j'oubliai *momentanément* mon malheur et ma situation, pour chercher sans retard à m'enrôler dans cette phalange d'artistes-chantres-prisonniers.

L'office étant terminé et les portes des cellules refermées, j'écrivis la lettre suivante à M. l'aumônier de la prison :

Paris (Mazas)
Dimanche 13 mai 1883.

« Monsieur l'aumônier,

« Dans votre tournée de demain, faites-moi, je vous prie, le plaisir de venir jusque chez moi. Depuis quelques jours, je suis prisonnier prévenu dans la maison. J'ai entendu ce matin la messe avec une certaine émotion et j'éprouve le besoin de vous parler. N'allez pas supposer, monsieur l'abbé, que je veuille vous exploiter en réclamant un de vos services. Je sais parfaitement que, sous la République, toute chose de cette nature vous est interdite, même à l'égard du plus innocent. Or, là, n'est pas le but de ma prière ; je désire votre présence, ne fût-ce qu'un instant : elle sera consolante dans ma triste position.

» Si je n'ai pas, l'honneur d'être particulièrement connu de vous, j'aurai toujours la satisfaction de vous apprendre que je suis, depuis bien des années, votre très humble et tout dévoué serviteur, »

J.-A. V...,

Ancien élève des 40 Chanteurs montagnards pyrénéens, pèlerins de Rome et de Jérusalem, sous la direction de feu M. Alfred Roland, directeur-fondateur du Conservatoire de musique religieuse et classique de Bagnères-de-Bigorre (Hautes-Pyrénées).
Actuellement en cellule n° 38 de la 4° division de la Maison de Mazas.

« *P.-S.* Je désire vous parler de musique, de chant de la chapelle de la prison. »

Je vois d'ici certains lecteurs me traiter de *calotin*. Calotin, ce mot ne doit pas être français, car je ne le trouve pas au dictionnaire de l'Académie française. Mais j'y trouve bien *calomnie* qui signifie fausse accusation ; or, je ne crains pas de dire que ceux qui m'accuseront d'être *calotin* m'adresseront une imputation injurieuse, une fausse accusation. On ne pourra pas non plus m'accuser d'être *hypocrite*, le fond de ma brochure n'est certes pas déguisé : je ne dissimule rien là où il est nécessaire de parler hardiment, franchement ; je le fais. Un artiste n'a d'autre politique que son art, et aucune opinion n'exclut l'amour de l'art, non plus que l'amour de la patrie. Là, où les opinions comme les sentiments ne sont pas libres, il n'existe pas de *vraie* liberté. Si tout le monde *doit* être du même avis, on est dans l'esclavage. J'ose donc espérer que tout lecteur sensé sera de mon opinion à l'égard des sentiments.

La liberté de conscience et de sentiment doit être individuelle, et alors, alors seulement, les hommes sont *vraiment* libres. Quiconque veut contraindre un autre à penser comme lui commet une *absurdité* déraisonnable, contraire au bon sens.

« Les opinions sont libres ; celui qui n'est pas de mon avis, je lui casse la *gueule*, » disait un tribun de Belleville sous la Commune de 1871. Cette observation, quoique un peu *brutale*, n'en est pas moins logique, même par un communard.

> « *Nous voulons que les autres soient restreints*
> « *par des règlements, et nous ne pouvons souffrir*
> « *d'être gênés en quoi que ce soit.*
>
> « *Tournez les yeux sur vous-même et gardez-*
> « *vous de juger les sentiments ou les actions d'au-*

« trui ; en jugeant les autres, on travaille en vain ;
« souvent l'on se trompe, et l'on pèche facilement ;
« au lieu qu'en s'examinant et se jugeant soi-même,
« l'on s'occupe toujours avec fruit. »

Pascal a dit : « *Le cœur a ses raisons que la rai-*
« *son ne discute pas.*

« *Souvenez-vous qu'il n'y a rien de plus injuste*
« *et de plus ridicule que d'être fâché contre quel-*
« *qu'un parce qu'il n'est pas de votre opinion. Les*
« *études, les intérêts, l'éducation des hommes va-*
« *rient tant, qu'il est impossible qu'ils aient tous les*
« *mêmes idées, et votre antagoniste a contre vous le*
« *même droit que vous prétendez avoir contre lui.* »

Le lendemain lundi 14, cet aumônier (petit vieillard) ne tarda pas à me rendre visite et, tout en me causant, me dit :

— Vous allez écrire à M. le directeur de la prison ; c'est un homme charmant, un ancien maître de chapelle, très bon musicien, très capable, et qui saura très bien vous considérer, vous apprécier et de qui vous serez, sans aucun doute, un peu favorisé...

L'aumônier quitta ma cellule, me promettant de me revoir, et je ne tardai pas à écrire cette lettre, dont voici la copie :

Paris (Mazas)
Lundi 14 mai 1883.

—

« Monsieur le directeur,

« D'après le conseil de M. l'aumônier de la prison, je vous écris en son nom pour vous prier de vouloir me faire appeler devant vous pour solliciter de votre bonté quelques petites faveurs que vous m'accorderez, je n'en doute nullement.

« Depuis quelques jours, je suis votre pensionnaire, j'occupe la cellule n° 38 de la 4e division, et, comme malheureusement il est connu qu'un prévenu sait toujours quand et comment il a été arrêté, il n'en est pas de même à l'endroit de sa sortie.

« En attendant, je voudrais pouvoir m'occuper à quelque chose, soit pour moi, soit pour la maison.

« Veuillez agréer, monsieur le directeur, mes salutations respectueuses. »

J.-A. V...,

Elève du Conservatoire de musique de Bagnères-de-Bigorre, ancien musicien gagiste du 8e de ligne, et ex-1er chantre soliste de l'église St-Laurent, à Paris.

Ce même lundi 14, j'adressai à M. **Rabougnat** expert, chargé de vérifier mes livres de commerce, etc., la lettre ci-contre :

Paris (Mazas)
Lundi 14 mai 1883.

—

« Monsieur l'expert,

« Je viens d'apprendre par M. Atthalin, juge d'instruction au Palais de Justice, que vous êtes chargé de vérifier les livres de mon commerce, lesquels livres ont été saisis chez moi le jeudi 3 mai dernier, sous la fausse accusation d'*escroquerie*. Veuillez avoir la bonté de vous occuper aussi vite et aussi *consciencieusement* que possible de cette mission ; vous trouverez des chemises qui forment le dossier de chaque employé que j'ai occupé dans ma maison, et qui jamais n'ont quitté leur service sans être légalement et intégralement réglés. — Vous trouverez aussi et surtout l'acte, le contrat d'engagement fait par celui qui est aujourd'hui mon plaignant et j'ose espérer que la valeur de cet acte, ainsi que la régularité des comptes que vous trouverez dans mes livres, vous édifiera sur la sincérité de ce que je dis comme sur la bonne foi de mes opérations.

« Agréez entre temps mes salutations empressées, »

J.-A. V...

Le mardi 15, dans l'après-midi, mon gardien vint me dire : « M. le Directeur de la maison fait en ce moment sa ronde, si vous avez quelque chose à lui dire ou à lui demander, venez par ici; » et sur ma réponse: « Volontier », ce gardien me conduisit dans une cellule particulière servant de bibliothèque au lieu de loge de réclusion.

Le Directeur (*M. Lanton*), un grand bel homme, très doux, plein de déférence et d'urbanité..., me demanda qui j'étais? quelle était ma situation judiciaire? et si c'était moi qui lui avais adressé une lettre pour obtenir de lui parler? Que désirez-vous de moi, me demandat'il? Je lui donnai mes noms, mes qualités, etc.: actuellement commerçant en bijouterie dorée. Je lui contai mon affaire en peu de mots; il souriait avec égard, me disant: Ça ne sera rien, néanmoins vous aurez à attendre la fin de l'instruction qui pourra peut-être durer quelque temps, surtout s'il y a, comme vous le dites, un expert comptable qui doit s'occuper de votre affaire. A quoi je lui demandai à pouvoir garder plumes, crayons et papier pour écrire et avoir dans ma cellule quelques livres à lire, ce qui me fut immédiatement accordé; alors pour me distraire, je lui témoignai le désir, pour le dimanche suivant, de me joindre aux artistes chantres du lutrin de la chapelle de la prison, ce qu'il m'accorda de suite avec plaisir.

Ce directeur de Mazas avait très bien connu M. *Roland*, fondateur du conservatoire des 40 chanteurs montagnards de Bagnères-de-Bigorre, ainsi que M. *Biru*, mon ancien chef de musique de régiment, et M. Laboureau, ancien maître de chapelle de l'église Saint-Laurent. Mes états de service artistique, civil et militaire parurent sans doute au Directeur de Mazas mériter quelque considération, car il n'hésita pas à me recommander aux surveillants et au brigadier de ma division afin qu'ils eussent pour moi quelques ménagements et quelques égards. Cette recommandation était presque superflue, car mon gardien de section, nommé *Cazanova*, (nom illustre), ne pas confondre celui-ci avec le nommé *Cazanova*, gardien-chef de la maison d'arrêt de Béziers, mis en état d'arrestation par l'ordre du procureur de la République, sous l'inculpation de détournement et d'abus de confiance. (Voir le journal le *Petit Parisien*, n° 2,635, du lundi 14 janvier 1884.)

Mon Cazanova, de Mazas, n'était qu'un simple garde, âgé d'environ 45 à 50 ans, ni beau ni laid, portant toute la barbe, homme sérieux, mais juste et très convenable, faisant son service sans fanfaronnade, sans excès de zèle. Revenu dans ma cellule, il me laissa plumes et encre et m'apporta plusieurs livres de tous genres, gais et tristes, politiques et religieux. Dès ce moment, j'étais ce que l'on peut appeler un *privilégié* favorisé. Mon gardien vint plus d'une fois m'encourager dans ma triste position. Ah ! me disais-je bien souvent, si partout l'on trouvait des hommes employés à une fonction si triste et si pénible être aussi civilisés, que celui-ci, il serait

très déplacé de dire dans le monde : il est grossier....
comme une porte de prison. Moi,, j'ai trouvé que ces
hommes, en général, avaient des caractères tout particuliers, et que le premier venu ne serait pas toujours
bon ou capable d'être gardien de prison.

Certes qu'il y a des exceptions, que partout il peut se
trouver des *imbéciles*... qui se croient quelque chose,
quand ils ne sont, mon Dieu, rien. Mais je parle de la
généralité. On m'objectera peut-être que ces égards de
politesse et de convenance, de civilité, de bienséance, etc.,
n'existent qu'en France ; alors, j'engagerais les autres
pays à venir y prendre des leçons de civilisation.

C'est une grande consolation, pour un malheureux,
de trouver ces bons procédés de civilisation dans une
prison.

> *« La délicatesse dans la conversation, comme dan*s
> *« les observations, dépend de l'esprit ; dans la con-*
> *« duite, elle vient du cœur. »*

> *« L'humble est toujours accompagné de la paix ;*
> *« mais le cœur de l'orgueilleux est fréquemment*
> *« agité d'envie et de colère. »*

Le jeudi 17, j'adressai à M. Atthalin, juge d'instruction, la nouvelle lettre suivante :

Paris (Mazas)
Jeudi 17 mai 1883.

—

« Monsieur le juge,

« Quoiqu'ayant trouvé, dans ma solitude, le moyen
de m'occuper, je viens cependant vous prier d'avoir la

bonté ou l'obligeance de ne pas m'oublier, c'est-à-dire de me faire la charité de penser à moi et de vous occuper le plus tôt possible de mon affaire, afin, comme je l'espère, d'y trouver la raison d'une ordonnance de non lieu, comme j'ai dit dans ma première lettre. Comptant sur l'équité et la justice, j'ose croire que vous voudrez bien, sans trop tarder, m'accorder les égards et les considérations dont je pense être digne.

« Entre temps, croyez à mes civilités respectueuses. »

J.-A. V...

C'était là une lettre de pure politesse, ou politique, car, connaissant les lenteurs administratives en généra et judiciaires en particulier, je ne pouvais, à vrai dire, espérer obtenir la considération ou la charité que je demandais.

Prenons pour exemple seulement, « l'affaire du nommé *Alfred André*, demeurant rue Thorigny, n° 10, à Paris ». Ce citoyen qui, sur une accusation fausse, avait été arrêté et maintenu en prison (à Mazas) durant treize mois, c'est-à-dire, du mois de novembre 1882 jusqu'à fin décembre 1883. *Treize mois*, au bout desquels sa complète innocence fut enfin reconnue. — N'est-ce pas épouvantable ? (Voir le journal le *Petit Parisien*, n° 2621, du lundi 31 décembre 1883.)

Mais passons sur les autres, et revenons à nousmême, je veux dire à moi-même, qui fus, en pareille circonstance, non moins éprouvé. Heureusement que j'étais doué d'une nature énergique et courageuse, sachant que toute occupation peut être un travail, et que tout travail est un baume à la souffrance morale, je me

résignai et je travaillai, me souvenant des maximes
suivantes :

> « Il n'y a pas de repos plus doux que celui qu
> « s'achète par le travail ».
>
> « Le travail qui perfectionne nos facultés intel-
> « lectuelles, qui développe nos idées, les élève, les
> « éclaircit, les rectifie ou les trempe, est la source
> « d'une richesse qui nous devient inhérente et qui
> « augmente positivement notre valeur. »

Mme SWETCHINE.

Le vendredi 18 (jour de visite), ma femme et mon
fils vinrent me voir, et cherchèrent à m'encourager, en
me disant que « si j'avais le malheur de devoir passer
en jugement, j'aurais, pour me défendre, Me X. Y...,
l'un des premiers avocats du barreau de Paris.

Cette nouvelle n'était pas mauvaise, et comme elle
était accompagnée d'une bonne bouteille de vin, et de
quelques petites friandises (pain blanc, chocolat, sardines, fruits, etc.), je commençai à prendre une ferme
résolution et une décision déterminée de chercher, par
des études et des observations... remarquables... à tirer
un parti de mon malheur.

Le samedi 19, je me mis à parcourir, à feuilleter et à
ier plusieurs livres qui pouvaient m'aider dans les
tétudes que je me proposais de faire.

Je sentais l'envie, sinon le besoin, de me souvenir de
a situation où je me trouvais, c'est-à-dire de noter et
lde porter un jour à la publicité les détails du malheur
qui m'était arrivé, afin que l'opinion publique ne pût

me déshonorer sans m'avoir entendu. Ce n'était ni l'orgueil ni la vanité de me montrer qui me poussait à cette ambition, c'était l'amour de la justice et de la vérité qui me conduisait à ce désir, et pour y parvenir, je me mis à lire, à écrire et à réunir ce qui pouvait me servir.

Tout d'abord je me fabriquai une espèce de calendrier perpétuel sur une grande page de papier, et dont voici le modèle :

MAI 1883

Lundi..........	7	14	21	28
Mardi..........	8	15	22	29
Mercredi.....	9	16	23	30
Jeudi..........	10	17	24	31
Vendredi.....	11	18	25	1er Juin.
Samedi........	12	19	26	2
Dimanche....	13	20	27	3

Et ainsi de suite, de sorte qu'au lieu d'avoir à enlever une feuille chaque jour, je barrais le chiffre de la date. Cela remplaçait parfaitement un calendrier à effeuiller, (luxe interdit dans une prison). Je collai ce nouvel almanach avec des petits morceaux de bords d'enveloppes gommés parmi les affiches qui se trouvaient aux murs. Et cela déjà rendait ma loge un peu moins commune.

———

Le dimanche 20, fête de la Trinité, un moment après la soupe de 8 heures du matin, mon gardien Cazanova, vint me dire, en souriant: Monsieur, on vous attend pour aller chanter à la tribune de la Chapelle, mettez-y un peu d'âme, ça vous distraira, et nous aussi ; mais comme je m'étais fermement mis à la lecture et aux écritures, j'avais complètement oublié le chant et n'étais par conséquent pas disposé à chanter ni à aller me montrer comme un prétentieux et incapable; je remis donc cette récréation musicale à un autre dimanche. Un moment après, j'entendis les mêmes accords harmonieux du dimanche précédent, et je dois l'avouer, le goût de la musique vint dominer mon esprit et me frapper au cœur. Car bien que l'on soit prisonnier, quand l'on est musicien, on conserve toujours et quand même l'amour de l'art, et cet amour élève et élèvera toujours et partout le cœur de l'homme, dans la captivité comme en liberté.

La Bruyère a dit :

« Il y a dans l'art un point de perfection, comme de bonté ou de maturité dans la nature: celui qui le sent et qui l'aime a le goût parfait; celui qui ne le sent pas et qui aime en deça ou au delà a le goût défectueux. Il y a donc un bon et un mauvais goût et l'on dispute des goûts avec fondement. »

Citons encore Ernest Bersot :

« Quelquefois, au milieu de la nuit, dans ce grand silence, lorsque rien ne nous avertit de l'existence des choses, et que nous n'entendons que le bruit de nos artères qui battent dans nos tempes, tout à coup nous repassons dans notre esprit toute notre vie, nous avons devant les yeux ce rêve étrange, cette singulière fantaisie des événements, les personnes parues et disparues, nos plaisirs, nos peines, nos affections et nos inimitiés, nos ambitions, nos agitations, nos succès, nos revers; et alors, nous élevant au-dessus du monde, nous l'estimons ce qu'il vaut ; nous dépouillons nos haines, nos passions, notre vanité, qui làhaut n'ont pas de place, et nous comprenons qu'on n'emporte là avec soi que le meilleur de soi-même : sa raison et son amour. »

———

Le lundi 21, je me remis à travailler de la musique et cela avec d'autant plus de goût que ma femme était venue me confirmer qu'il était définitivement bien entendu que M° X. Y.... me prêterait *gratis* le concours de son talent, si toutefois cela était nécessaire.

———

Et le mardi 22, jour anniversaire de ma naissance, quoique me trouvant en prison, j'eus cependant le courage de composer une mélodie sur une poésie de Victor Hugo, intitulée : *La Chute d'un Ange.* Cette romance, qui (paroles et musique) ne tardera pas à être mise au jour, c'est-à-dire à être éditée et publiée, n'aura probablement pas moins de succès que la présente brochure de littérature, très simple, c'est vrai, mais historique.

———

LE TRAVAIL DU MATIN

A propos du travail du matin, nous emprunterons à Schopenhauer le passage suivant :

« Nos pensées avant le sommeil, ou quand nous nous réveillons la nuit, sont le plus souvent des

réminiscences des choses que nous avons senties.
Le matin, tous les rêves ont fui. « *La nuit est noire,
le jour est blanc,* » disent les Espagnols. Le soir, la
raison, comme l'œil, voit moins juste et moins loin
que le jour : ce n'est pas le temps de la médita-
tion. Ce temps, c'est le matin. Car le matin est la
jeunesse du jour ; tout y est frais, plus riant et
plus facile ; nous nous sentons plus forts, plus
dispos ; nos facultés sont plus à nous. Il ne faut
pas des occupations indignes et des conversa-
tions oiseuses ; c'est la quintessence de la vie.
Le soir, au contraire, est la vieillesse du jour. »

———

Le mercredi 23, j'adressai à M. Oscar Falateuf, bâtonnier des avocats de Paris, la lettre suivante :

Paris (Mazas)
Mercredi 23 mai 1883.

—

« Monsieur le bâtonnier,

« Vous me pardonnerez d'avoir tant tardé à vous remercier des faveurs que vous avez bien voulu m'accorder en
m'envoyant des avocats d'office même tels que je m'étais
permis de le désirer. Vous excuserez ce retard de civilité, quand je vous aurai dit que dans les premiers jours
de mon arrestation, mon épouse s'était permis, sans
m'en donner connaissance, d'aller trouver Me X. Y..., mais
ayant appris que je ne pouvais garantir des honoraires
dignes de son talent, ce charitable avocat a néanmoins
pris connaissance de mon affaire près de M. Atthalin, juge
d'instruction. Et, à la suite de cette démarche, il a promis à ma femme de plaider ma cause *pro Deo*, mais peu

confiant dans cette promesse, je ne voulais pas trop vite vous remercier, de crainte d'avoir mal compté, voilà comment je me trouve, je crois, excusable devant vous.

« Aujourd'hui que je suis certain d'être défendu par ce notable avocat, je me fais un religieux devoir de vous adresser mes sincères remercîments. Cependant, je n'ajoute pas « ce sera pour une autre occasion » car j'espère bien que cette seule fois sera aussi la dernière où j'aurai besoin d'avocat. La prévention m'aura appris bien des choses que je ferai en sorte de ne jamais oublier. Je ne suis ni un vagabond, ni un misérable, ni un voleur, je suis un — ESCROC, — dit le mandat de dépôt, et cela pour n'avoir pas voulu rembourser *immédiatement* à la fantaisie d'un employé *intéressé*, son apport *commercial* dont l'échéance ne tombait que dans TROIS MOIS.

« Voilà mon crime, Monsieur le bâtonnier, et j'ai 57 ans d'âge, suis commerçant, patenté, contribuable, et jamais la France n'eut rien à me reprocher.

« Ma jeunesse s'est passée dans une conduite des plus honorables, et j'espère bien que mes vieux jours ne seront pas souillés d'une peine infamante ou diffamante.

« Déjà mes conspirateurs voudraient ne pas m'avoir outragé, mais leur méchanceté, je l'espère, sera punie du mal qu'ils m'auront fait.

« Agréez, Monsieur le bâtonnier, mes remercîments bien sincères, avec lesquels j'ai l'honneur d'être,

« Votre très humble serviteur, »

J.-A. V...

Ancien artiste lyrique, professeur, compositeur et éditeur de musique, actuellement commerçant en bijouterie dorée et ornements pour modes, demeurant 46. rue Saint-André-des-Arts ; non, pardon, actuellement détenu à Mazas.

Après cette lettre, je continuai les études dont je donne ici mes impressions.

LA PRISON

Pour un prisonnier, le régime cellulaire est certainement jusqu'à un certain point de vue l'un des meilleurs régimes qu'il ait encore été possible de trouver. Le temps apportera peut-être encore quelques petites améliorations, quelques douceurs de système pénitentiaire. Mais n'anticipons pas sur le temps, dont nous devons chercher à ne pas profiter dans l'avenir.

Qu'un homme soit arrêté et mis en sûreté pour une cause ou pour une autre jusqu'à l'effet d'un jugement, il peut bien n'être pas coupable et alors trouver le régime cellulaire bien dur. Mais à côté de cela, il a comme compensation la tranquillité de pouvoir s'occuper de son affaire avec tous les soins qu'il importe d'y mettre, et ainsi parvenir à démontrer quil est innocent.

Il est vrai, comme le dit Guicciardini, qu'il est difficile que ce qui s'affirme parfois avec le plus de vérité soit parfaitement compris, dans son véritable sens, par ceux qui sont déterminés à croire le contraire.

Mais cela n'est pas une raison pour s'abandonner aux larmes du chagrin. Non ; plus le danger est grand, a dit un homme courageux, plus il faut employer toute l'énergie de son âme, toute la force de son cœur et de son sang.

Il faut prendre du courage, toujours du courage, et encore du courage. Ce courage, il ne faut pas le crier par dessus les murs, non ; il faut l'avoir dans le cœur, dans le travail et dans l'espérance d'un avenir meilleur.

Et si cet homme est coupable, il a la consolation de pouvoir reconnaître son tort et se repentir sans en donner connaissance à un étranger, qu'il ne connaît pas, et qu'il lui serait peut-être très préjudiciable d'apprendre à connaître.

Que le prisonnier — *coupable* — accepte donc dans le malheur courageusement et — *religieusement* — la peine d'être éloigné de la société, qui peut-être a été la cause de sa faute et de son malheur. Qu'il se résigne dans son malheureux sort. Et, sans être ce que l'on appelle vulgairement *bigot* ou *dévot*, ou plus vulgairement encore *calotin* ou *cafard*, qu'il pense donc parfois un moment à son Dieu. Je dis — SON *Dieu*, — parce que je m'adresse ici aux hommes de n'importe quelle religion, ou de toutes les religions; attendu que la raison nous dit que nous devons respecter la liberté des cultes et de conscience de chacun. Je m'adresse même à ceux qui se croient ou se disent *libres penseurs*, car ceux-ci ont aussi leur Dieu, ainsi que je vais le démontrer.

Quant à moi, en admettant que je n'aie pas la soi-disant faiblesse de croire à l'immortalité, je n'oserais cependant pas me permettre de la réfuter, car je craindrais d'être appelé à prouver le contraire. Et, en regardant le ciel et sa lumière, je serais bien vite forcé de m'incliner et de me taire pour éviter de dire des absurdités que de plus grands esprits que nous n'ont osé prononcer. Or, je dis: je préfère me disposer à le croire que d'aller le voir.

Mais passons sur la question de foi ou religion pour revenir sur celle de conscience et de Dieu. Chaque religion a un Dieu qui enseigne la morale, et aucun ne dit de faire le mal. Or, penser à *son* Dieu, c'est penser au bien, à la vertu, à la probité, à la patience, à la prudence, au courage, au dévouement, à la charité, à l'humanité, en un mot à la fraternité ! Penser à *son* Dieu, c'est aussi penser à sa famille, à ceux qui nous sont chers, et à soi-même enfin. Car sans vouloir prétendre que nous sommes des dieux, nous ne sommes pourtant pas des chiens.

> *Qui ambulat in tenebris nescit quo vadit.*
> (Qui marche dans les ténèbres ne sait où il va.)

Un médecin distingué répondait à un de ses confrères qui prétendait être matérialiste et athée : « Mon cher ami, laissez-moi croire en Dieu et dans l'âme humaine, car je veux rester médecin et non pas devenir vétérinaire. »

Et, fût-on de ces hommes que l'on voit se déclarer tantôt pour le ciel et tantôt pour la terre, aujourd'hui pour le vice et demain pour la vertu, de ces gens équivoques, inconstants, à principes élastiques et dont le drapeau n'a point de couleur, il y aurait encore un Dieu, une divinité à contempler !

> « *Usque quo claudicatis in Deus partes ? Si Do-*
> « *minus est Deus, sequimini eum ; si vero Baal,*
> « *sequimini illum.* »
> « (Jusques à quand balancerez-vous entre deux
> « partis ? Si le Seigneur est votre Dieu, suivez-le ;
> « si c'est Baal, attachez-vous à lui.)
> « (III. REG. XVIII. 21.) »

Écoutons maintenant Léopold Schefer dans ses pensées morales :

LA DIVINITÉ

« Oui, tu as bien pressenti, cœur religieux. C'est dans le cœur que se révèle la Divinité, à voix basse, paisiblement, secrètement, comme un esprit. C'est elle qui te conduit doucement à la beauté morale ; c'est elle qui ouvre l'œil de ton âme, et peu à peu elle passe dans tes actes. Elle devient ta pensée ; elle devient l'essence du bon, du vrai, du beau ; tout ce qui, comme un grain de blé, a sourdement germé en toi, tout ce qui en est sorti et s'est déployé à travers le monde, tout ce qui agite la race des hommes, tout cela c'est elle !

« As-tu pratiqué longtemps le bien? Alors Dieu a longtemps vécu en toi-même ; en toi-même tu as senti passer cette loi sainte qui domine et le grand tout et toi-même, qui vit éternellement dans les générations humaines, malgré le changement des formes mortelles. En toi tu portes l'image du Père, image qui brille en toi, et qui brille aussi sur les étoiles perdues dans le lointain de l'espace et sur les siècles perdus dans le lointain du temps ! Tu lui fais parcourir les âges ; à lui tu rattaches les splendeurs de l'univers, à lui tu te rattaches toi-même ; de lui tu fais tout sortir et tu lui ramène tout. C'est lui qui s'est lui-même trouvé en toi, et l'homme qui n'a jamais pratiqué le bien, qui n'a jamais aspiré au vrai, qui n'a jamais vu le beau, celui-là seul serait sans Dieu et Dieu sans lui. »

LE MALHEUR

« Mes yeux ont contemplé le cours du monde, et ils ont aperçu avec une pleine évidence ce qu'est le malheur, ce qu'il doit être, a dit Léopold Schefer. C'est le labyrinthe obscur dans lequel un Dieu veut bien conduire l'homme pour que chacun puisse éprouver son existence, pour que le méchant connaisse sa méchanceté et puisse s'en défaire, pour que les bons voient bien leur bonté à l'œuvre et en jouissent pleinement.

« Le méchant sort meilleur de l'infortune, et les bons en sortent plus bienveillants et plus doux. Quel est donc l'homme qu'un Dieu n'aurait pas éprouvé ? Quel est celui de ses enfants qu'il n'aurait pas aimé ?

« Médite cette pensée, infortuné. »

Or, pour méditer tout cela, pour arriver au vrai bien, la solitude en est un bon moyen. La cellule d'un prisonnier d'aujourd'hui, tout horrible qu'elle peut être, n'est pourtant plus un *cachot* de la *Bastille*, et les règles à y observer n'en sont pas *si* insupportables. Mais il est bien entendu qu'il faut les respecter sous peine d'en être plus malmené.

C'est dans cette pensée que je voudrais donner beaucoup d'explications, afin d'arriver à ce qu'un jour un homme tombé dans le malheur puisse être, sinon un prisonnier modèle, mais au moins qu'il se place à l'abri des reproches de la part des gardiens et de lui-même.

La propreté, la politesse et le travail sont pour cela un moyen sûr d'efficacité.

LA DISCIPLINE

Prisonnier, détenu ou prévenu, occupez-vous toujours, ou du moins autant que possible, de bien vous nettoyer et de nettoyer votre cellule, cela vous occupera. L'occupation est une distraction, tandis que l'oisiveté engendre le vice et l'impureté.....

L'impureté détruit la santé et la vie.

N'écrivez ou ne dessinez jamais rien de sale sur les murs de votre cellule ou dans les livres qui vous sont confiés, cela donne et laisse des traces de votre main et de votre écriture comme de vos principes et de vos opinions...

> « *Arguam te et statuam contra faciem tuam.*
> « Je te confondrai en te mettant en face de toi-
> « même. »

Si vous êtes poète, profitez du malheur qui vous frappe et de la captivité pour vous inspirer de beaux vers qui restent à la postérité! Cela vous grandira! Si vous êtes musicien, demandez à pouvoir vous occuper de composition, d'harmonie ou même de copie de musique, vous y gagnerez toujours quelque chose, soit en talent, soit en espèces.

Gœthe a dit :

> « *Le talent se forme dans la solitude, le caractère*
> « *dans la société.* »

L'artiste, le poète, ont passé sur la terre, mais leurs œuvres leur survivent, et longtemps après qu'ils ne sont plus, les hommes relisent leurs vers, contemplent la toile et le marbre animés par leurs mains, écoutent leurs chants avec un religieux respect. Et quand on a admiré l'œuvre, on parle de l'homme. Qu'était-il? Comment a-t-il vécu? A-t-il, de son vivant, reçu les applaudissements de la foule? La fortune et la gloire l'ont-elles couronné? — Quelques fois; oui, quelques fois les puissants de ce monde, trop souvent grands hommes de hasard, se sont inclinés devant les grands hommes de la pensée et ont payé le génie avec de l'or: mais plus souvent la pauvreté, la souffrance, la haine des jaloux, les traverses de toutes sortes, et le malheur et la fatalité enfin, tel a été le partage des artistes."— Pauvres grands hommes !

Si vous êtes dessinateur, demandez (et vous obtiendrez) du papier et un crayon, et occupez-vous alors de rosaces, de fleurons, de feuilles et de fleurs, cela vous distraira dans votre malheur.

Mais ne faites jamais de croquis obscènes..., car cela exciterait à la tentation vicieuse, impure et très malheureuse de l'impudicité.

L'impudicité sur soi-même est non seulement la maladie la plus désolante, la plus déplorable, le vice le plus lâche, mais encore c'est l'offense la plus honteuse contre la nature que l'homme puisse faire à sa personne.

« *Ne tradas me a desiderio meo peccatori.* »
« Ne me livrez point à mon désir criminel.
« (PS. CXXXIX, 9.) »

« Quel est ce désir coupable dont le prophète royal demande au Seigneur de l'affranchir? dit l'abbé Victorien Bertrand. Est-ce le goût du sang et des batailles ? Cette passion meurtrière qui cause tant de malheurs et fait commettre tant de crimes? Est-ce la colère? est-ce la haine? Quel est donc ce désir criminel, dont le saint roi David demande à être délivré? Mes frères, c'est la triple *concupiscence des yeux, de l'esprit et de la chair;* c'est ce malheureux penchant qui l'avait fait tomber dans le double crime (qui n'est pas à nommer ici) dont le souvenir empoisonna toute sa vie. La grâce qu'il implorait du Seigneur et que nous devons solliciter nous-mêmes, c'est d'être délivré de la tyrannie de ses passions; de celle-là surtout que l'on a si bien nommée la passion dominante, et que nous devrions appeler *légion*, parce qu'autour d'elle viennent se grouper toutes les autres, qu'elle est l'instigatrice de tous nos crimes, la source de tous nos chagrins, et que si quelqu'un, parmi nous, vient à tomber dans le mal, dans le malheur, ce sera cette funeste passion qui aura déterminé sa chute. La passion *dominante* est donc, pour chacun de nous, un véritable orage à conjurer, surtout dans les prisons.

Si vous n'êtes qu'un simple ouvrier et que votre métier ne puisse être exercé dans la prison, demandez un autre travail, non seulement pour vous occuper et vous distraire, mais pour vous épargner l'ennui de la paresse, et aussi pour gagner quelques sous, qui pourront vous procurer quelques douceurs de la *cantine*, hors de l'ordinaire règlementaire de chaque jour.

Il faut travailler, c'est la vie; que l'on soit triste ou gai, heureux ou malheureux, il faut travailler. Si l'on est gai, le travail augmente votre gaieté, car il vous met au cœur la belle fierté de vous sentir utile; si l'on est triste, il vous distrait et vous console. Les plus malheureux en ce monde sont ceux qui, dans le chagrin, n'ont pas autre chose à faire que de compter leurs larmes.

Il faut travailler, c'est la loi. Tout travail profite à quelqu'un. Et pour celui qui a le malheur de ne savoir ni lire ni écrire, ni travailler, s'il le veut, il trouvera toujours bien quelque chose à faire pour se divertir, se désennuyer, sans nuire ni à sa personne, ni à sa santé.

L'EXISTENCE DES PRISONNIERS

DANS LA MAISON D'ARRÊT DE MAZAS, A PARIS

Tous les jours, en été, réveil à six heures et coucher à six heures.

En hiver, lever à sept heures, coucher à sept heures.

Dans la journée, sans heure fixe, trois quarts d'heure de promenade, *seul*, c'est-à-dire chacun séparé entre deux murs d'environ quarante pieds de longueur sur douze de largeur, dans le bas, avec quarante-cinq barreaux de fer, et trois pieds de large dans le haut, avec dix pieds de hauteur du mur. Mais, en somme, au grand air, sous le ciel bleu (ou gris d'orage), parfumé de l'essence de la nature ou des exhalaisons de machines à vapeur du chemin de fer qui se trouve près de là.

Aussitôt ce réveil (annoncé par une cloche), on apporte au prisonnier enfermé dans sa cellule (prévenu ou condamné), un petit pain de seigle d'une livre, pour passer la journée; puis, un moment après, on lui apporte un bidon d'eau pour boire et pour se débarbouiller.

Après, on lui apporte une assiette de soupe, je dis une assiette, je veux dire la valeur que peut contenir une assiette, car elle se trouve dans une gamelle de fer battu étamé.

Et dans l'après-midi, une même valeur de légumes variés, dans une même gamelle *non variée*.

Le jeudi et le dimanche, cette portion de légumes est remplacée par un morceau de viande de bœuf; il n'y en a pas beaucoup, c'est-à-dire que ledit morceau n'est pas gros, mais, en somme, ce n'est, ma foi, pas mal du tout, ou tout au moins pas aussi mauvais que bien des personnes pourraient le supposer.

Et je crois même que bien des gens très dignes se feraient, dans Paris, une fête de cet ordinaire, dont voici le détail :

———

MENU DE L'ORDINAIRE DE LA SEMAINE

DE LA PENSION DE MAZAS

Lundi matin, huit heures précises, la soupe aux choux (gras-*maigre*). — L'après-midi, trois heures précises, des haricots brun-marron qui ne sont ni secs, ni en purée, ni au gras, mais pourtant mangeables.

Mardi matin, huit heures précises, la soupe comme la veille. — L'après-midi, trois heures précises, des petits pois secs à l'eau (mangeables).

Mercredi matin, huit heures précises, la soupe, *un peu maigre*, mais... — L'après-midi, trois heures précises, du riz au gras à l'eau (*trop* maigre).

Jeudi matin, huit heures précises, la soupe, cette fois bouillon (*trop* consommé). — L'après-midi, trois heures précises, un morceau de viande de bœuf, parfois entrelardé, et même un peu de gros sel dans la gamelle, mais jamais de poivre, ni de moutarde, *pas même un cornichon !*

Vendredi matin, huit heures précises, la soupe maigre (fort maigre), mais enfin elle est chaude, et combien de gens aussi dignes que nous, ai-je déjà dit, n'ont pas chaque matin quelque chose de chaud à manger, même en République ! — L'après-midi, trois heures précises, des lentilles à l'eau, mais mangeables.

3

Samedi matin, huit heures précises, la soupe (toujours assez maigre, mais...). — L'après-midi, trois heures précises, des haricots blancs gris-jaune, enfin.

Dimanche matin, huit heures précises, la soupe. Ah! cette fois, c'est du vrai bouillon consommé, un peu maigre, mais c'est du bouillon. — L'après-midi, trois heures précises, le traditionnel morceau de viande de bœuf, toujours avec un peu de gros sel, mais toujours aussi sans moutarde, etc. *(pas même pour le dimanche)*; bref, c'est l'ordinaire.

Eh bien! ce n'est certes pas un ordinaire de première classe, mais malgré cela je dis que sur douze à quinze cents individus que cette prison renferme communément, peut-être il y en a-t-il plus d'une moitié qui jamais peut-être n'ont eu en liberté ces soins de nourriture, et avec cela douze heures de coucher sur un bon matelas avec de bons et propres draps.

Et puis, il y a encore — *la Cantine*, — et celui qui a de l'argent peut obtenir de cette cantine tout ce qu'un homme raisonnable peut désirer dans une prison. Il est certain qu'il ne pourrait guère y obtenir des viandes truffées, ni du champagne comme s'il en pleuvait. Cependant, dans l'état de *prévention*, un grand restaurant est autorisé à apporter au premier prévenu venu des mets des plus confortables; mais, comme condamné, n'importe qui doit se contenter de l'ordinaire et de ce que peut lui donner — *la* Cantine: — du vin, des petites viandes, des légumes, des fruits, salade, etc., (pas de café, et encore moins d'alcool), mais en tous temps du tabac à fumer ou à priser et même de — *bons cigares*.

Voici d'ailleurs la copie *textuelle* de l'affiche de la cantine.

PRIX DE VENTE

des articles vendus dans les Cantines des Prisons de Paris

Désignation des articles.		Prix de détail.
Epicerie, Mercerie, Légumes, etc, etc.		
Aiguilles	l'aiguille	0 01
Ail	la tête	0 02 1/3
Allumettes dites Landaises	la boîte	0 05
Artichauts	la pièce	0 20
Beurre demi-sel (fourniture d'été)	les 25 grammes	0 07
— (fourniture d'hiver)	les 25 grammes	0 07 1/2
Bougies	la pièce	0 20
Chandelles de 8	la pièce	0 10
Chandelles de 6	la pièce	0 12
Chicorée	les 25 grammes	0 02 1/2
Chocolat	la tablette	0 15
Confitures	les 25 grammes	0 05
Couteaux	la pièce	0 12
Couverts de buis	la pièce	0 37 1/2
Figues sèches	les 25 grammes	0 03
Fil	l'écheveau	0 05
Fromage de Gruyère	les 25 grammes	0 05 1/2
Fromage de Marolles	la pièce	0 70
Fromage de Brie	les 25 grammes	0 07 1/2
Fromage dit Bondons	la pièce	0 20
Fromage blanc	la portion	0 22 1/2
Harengs fumés cuits	la pièce	0 15
Huile d'œillette	les 25 grammes	0 07
Huile d'olive fine	les 25 grammes	0 08
Lait	le double-décil	0 06
Moutarde liquide	les 25 grammes	0 02
Oignons	le double-décil	0 04
Œufs frais d'égale grosseur (fourniture d'été)	la pièce	0 08
Œufs frais d'égale grosseur (fourniture d'hiver)	la pièce	0 10 1/2
Œufs durs d'égale grosseur (fourniture d'été)	la pièce	0 08
Œufs durs d'égale grosseur (fourniture d'hiver)	la pièce	0 10 1/2

Désignation des articles.		Prix de détail.
Papier à cigarettes	le cahier	0 05
—	le cahier	0 10
—	le cahier	0 20
Pipes demi-fines	la pièce	0 03
—	la pièce	0 05
—	la pièce	0 10
Poivre en poudre lourd	les 25 grammes	0 10
Pommes de terre cuites à l'eau	les 500 grammes	0 08
Pruneaux	les 25 grammes	0 04
Résiné	les 25 grammes	0 03
Réglisse en bois d'Espagne	les 25 grammes	0 02
Réglisse noire de Calabre	les 25 grammes	0 05
Salade	la pièce	0 13
Sardines	la pièce	0 10
Savon bleu vif de Marseille	les 25 grammes	0 2 1/2
Sel blanc	les 25 grammes	0 01
Sucre blanc	les 25 grammes	0 04
Fruits : pommes, poires, fraises, cerises, etc.	les 500 grammes	0 20
Tasse en terre vernissée	la pièce	0 10
Vinaigre d'Orléans	le double-décil	0 16

Charcuterie.

Cervelas pesant environ 60 gr.	la pièce	0 15
Fromage de cochon	les 25 grammes	0 06
Fromage d'Italie	les 25 grammes	0 05
Jambon cuit	les 25 grammes	0 10

Papeterie.

Encre	le 1/20 de litre	0 03
Bouteille d'encre	la bouteille	0 11
Papier coquille	la feuille	0 01
Papier ministre	la feuille	0 02 1/2
Plumes métalliques	la pièce	0 01
Manches de plumes	la pièce	0 02 1/2
Crayons	la pièce	0 04
Enveloppes de lettres (grandes)	la pièce	0 01
— (petites)	la pièce	0 01
Vin rouge (pas de blanc)	le double-décil	

NOTA. — Le vin devra être de bonne qualité, ordinaire,

de Bordeaux, vieux, pur, naturel, franc de goût, sans mélange d'eau-de-vie, de vin blanc ou autres.

Il ne pourra être vendu que 3 double-décilitres de vin par jour, un le matin, un le midi et un le soir.

Le Préfet de police,

Signé : ANDRIEUX.

Or, comme je l'ai dit plus haut, pour celui qui a de l'argent, la prison ne serait pas insupportable pour quelque temps. Mais que mes lecteurs, qui ne s'y trouvent pas, n'aillent pas pour cela souhaiter d'y aller, c'est-à-dire faire mal pour s'y faire conduire. Oh ! que Dieu les garde de ce désir, car rien au monde n'est meilleur que le grand air et la liberté ! Pourtant cette liberté et ce grand air tant vantés donnent encore nature à de hautes réflexions.

Le grand air et la liberté, en été, pour ceux qui ont de quoi déjeuner et se rafraîchir, là, quand et où il leur plaît, c'est un sort digne d'envie. Mais le grand air et la liberté, en hiver, pour ceux qui n'ont pas de fortune, pas de travail, qui sont vieux ou infirmes, ce n'est plus un sort digne d'envie. Et pour ces malheureux, ce grand air et cette *liberté !* deviennent parfois et nécessairement la montagne des malfaiteurs.

Ces mots de grand air et de liberté sont donc toujours beaucoup plus beaux en poésie qu'en réalité.

Et l'ordinaire de la prison est un très heureux soutien pour les gens qui sont dans le malheur.

Que ceux cependant qui y reviennent en tous temps par la faute de leurs mauvais instincts... fassent quand même tous leurs efforts pour éviter d'y revenir encore, car après tout ce n'est pas là l'existence d'un être humain, c'est l'existence d'une bête féroce. Non, mes pauvres diables que vous êtes, faites plutôt, s'il le faut, toutes les bassesses, toutes les fausses flatteries que les *grands* savaient si bien faire autrefois à la cour des rois...

Mais pour l'amour de votre vie, ne faites aucun mal à autrui ; ne portez aucun préjudice, ni à l'honneur, ni à la fortune des autres. Non, ne le faites pas, ou ne le faites plus. Pensez à Dieu, au travail, à l'amour du bien, et vous deviendrez sinon très bon, au moins beaucoup meilleur. Croyez ce que je dis, car je parle, ou plutôt j'écris avec expérience. Mon petit livre n'est pas l'ouvrage d'un simple moraliste, mais bien celui de l'épreuve.

———

DANGER DES COMMUNICATIONS

Ne communiquez jamais avec l'un de vos voisins, si vous n'y êtes pas obligé par le travail ; il se pourrait que ce voisin, fût un homme plus digne que vous, mais il se pourrait aussi que ce fût un véritable et infâme vaurien. Et s'il en était ainsi, et que cet individu fût un jour, comme vous, en liberté et qu'il vînt à vous rencontrer, il se croirait parfaitement en droit de vous accoster et de vous *tutoyer*..... Et, l'un de vos amis qui ne connaîtrait pas votre histoire, pourrait bien vous demander : quel est cet homme qui vient de vous parler ? Et vous seriez fort embarrassé de répondre : « C'est un ancien *prisonnier*, un ancien compagnon d'infortune que j'ai connu en prison » et de là, on ne tarderait pas de conclure : « Dis-moi qui tu hantes, je te dirai qui tu es ».

Non, mille fois non, l'honneur n'est pas un vain mot

dans le monde ; il n'en faut pas précisément faire un esclavage, un martyr, un abrutissement ; mais un peu
d'honneur, ne fût-ce qu'un peu, trouve toujours de l'estime et de la protection dans la société.

> « *Quæ seminaverit homo, hæc et metet.*
> « Ce que l'homme a semé, il le recueillera. »
>
> (GAL. VI. 8.)

Debout donc ! debout et à l'œuvre ! avec un cœur capable de tout souffrir du destin, toujours achevant une
œuvre, toujours en poursuivant une autre, apprenons à
lutter et à attendre.

> « *Militia est vita hominis super terram.*
> « La vie de l'homme sur la terre est un combat
> « continuel. »
>
> JOB. VII. 1.

PRÉVENTION ET INSTRUCTION

Prisonnier, si vous allez en instruction ou en jugement,
et qu'un *gendarme* vienne à vous *brutaliser*, ne l'insultez
pas, agissez à son égard comme il devrait agir envers
vous : prenez-le en considération, ayez pitié de son igno-
rance ; c'est de l'empire encore un vieux grognard, ou
de la République un jeune soldat campagnard ; il ne
connaît que la *soupe* et sa *discipline* !

Quand vous êtes devant votre juge d'instruction,
soyez toujours le plus respectueux possible ; si vous
avez eu le malheur de mal faire, vous le savez bien,
confessez-vous franchement à ce magistrat, celui-ci ne
vous brutalisera pas (il est trop bien élevé pour ça).

N'ayez donc pas de scrupule, pas de honte, et ne dissimulez rien, parlez hardiment, mais sans fanfaronnade, et sans faiblesse. Vous avez bien été assez hardi..... pour commettre le crime ou le délit (la faute) qui vous amène devant le tribunal de la pénitence des hommes.

Pourquoi seriez-vous maintenant assez lâche de ne pas oser le dire?

Quand on veut être brave, on doit l'être jusqu'au bout.

> « *Appliquez-vous à être vrai en toutes choses.*
> « *La franchise est la fille du courage et de l'hon-*
> « *nêteté.* »

(Extrait d'une lettre du général Robert E. Lée, à son fils.)

Plus vous serez franc et sincère, plus vous serez considéré, sinon comme honnête, au moins comme méritant l'indulgence.

Et si vous n'êtes pas coupable, expliquez-vous aussi bien que possible, sans colère, sans agitation comme sans faiblesse, faites-vous bien comprendre.

> « *Comprendre rend très indulgent* », a dit Mme de Staël.

Il est vrai, et malheureusement trop vrai, que la pensée de Guicciardini trouve ici l'occasion d'être répétée.

« Il est difficile, dit cet avocat éminent, que ce qui s'affirme avec le plus de vérité soit parfaitement compris dans son véritable sens, par ceux qui sont parfois déterminés à croire le contraire. »

C'est-à-dire qu'il n'est de *pire* sourd que celui qui ne veut pas *entendre*.

Mais malgré cela, il y a assurément toujours bien

quelques circonstances qui méritent des considérations, sinon de grâce, du moins de pitié.

Un effet de boisson, une occasion, un accident, une circonstance imprévue, malheureuse et toute indépendante de la volonté, et la misère enfin! Car comme l'a dit *très judicieusement* un auteur éminemment savant :

« Il faut bien prendre garde de se laisser persuader que tout homme qui est pauvre l'est certainement par sa faute. Ceux qui parlent ainsi ont peu d'expérience et encore moins d'imagination ; souvent ils se sont formé cette opinion d'après l'observation superficielle de ce qui se passe autour d'eux dans un cercle peu étendu.

« S'ils avaient habité quelque centre de population important, ou exercé les fonctions de commissaire de charité, ils penseraient et parleraient tout autrement.

« Les causes de la pauvreté sont très nombreuses, très variées, et la plupart d'entre nous ont connu et connaissent encore des personnes réduites à la plus extrême misère sans qu'elles aient à se faire le moindre reproche.

« Soupçonner un homme ou une femme privés de toute ressource, d'avoir été conduits là par paresse ou par vice, c'est bientôt fait ; affirmer que tout individu qui veut travailler le peut, et que quiconque a du travail peut suffire à ses besoins et même économiser, c'est bientôt dit. Mais, outre qu'on est dans l'erreur on s'expose à détruire en soi le vrai sentiment de la charité et à l'affaiblir chez les autres.

Victor Hugo a dit quelque part :

« *Ah! n'insultez jamais une femme qui tombe,*
« *Qui sait sous quel fardeau sa pauvre âme succombe?*
« *Qui sait, combien de jours sa faim a combattu?*
« *Quand le vent du malheur soufflait sur sa vertu.*

Il ne faut pourtant pas conclure de là que tout prisonnier est innocent, il y a certainement et malheureusement encore des hommes pervers et méchants. Mais il y a aussi tout lieu d'espérer que les bons exemples et les bons conseils répandus par la morale, la religion *et la raison* les rendront, un jour, sinon bientôt, meilleurs.

Car la statistique des voleurs et des malfaiteurs *diminue*, quand même, chaque année, à la grande satisfaction de la société, en général, et de la magistrature en particulier.

Mais l'humanité ne peut se perfectionner, a dit Octave Pirmez, que si chacun de ses membres cherche d'abord pour lui-même sa perfection.

Or, plus on aime les autres, plus on a d'estime pour soi-même, a dit un autre auteur.

Mettons donc bien toutes ces sublimes pensées dans notre cœur, elles sont *la raison*, la morale et la religion qui est la conscience et la divinité ; la vérité, la probité, en un mot, la vertu, la fraternité !

DANGER DE L'OISIVETÉ

NÉCESSITÉ DU TRAVAIL

Dans un livre, intitulé : l'*Aïeul*, et où il est traité « du but et des principales carrières de la vie », nous lisons le passage suivant, adressé par l'auteur (M. Ch. Janolin, avocat), à son petit fils : « Parmi les jeunes gens que le hasard te fera connaître, tu pourras rencontrer plus d'un de ces honteux et superbes oisifs dont l'orgueilleuse pa-

resse se sourit constamment à elle-même, et qui se ré-
pètent avec complaisance : *Nous sommes riches !* Ils sont
riches ! Ils ignorent, les imprudents, que cette richesse
elle-même les condamne ; car le ciel ne l'avait mise en
leurs mains que pour y être, dans l'intérêt de tous, un
moyen d'action salutaire ; ils ignorent que partout, à
son heure, toute créature humaine qui n'est pas déchue,
veille pour accomplir sa tâche, non seulement dans la
misérable échoppe où le plus humble des artisans gagne
son pain de chaque jour, mais jusque dans ces pompeux
hôtels dont leur frivolité envie les fêtes... Eux-mêmes,
un jour, fatigués de ce repos contre la nature, pleins de
regrets, de remords peut-être, ils essayeront de réparer
leur faute ; mais, en attendant cette heure de l'inévitable
repentir, la société qu'ils trahissent et leurs pères qu'ils
font rougir n'éprouvent pour eux, crois-le bien, que le
plus humiliant dédain..... Combien sont plus dignes
d'envie tant de jeunes hommes qui, dans quelque haute
fortune que le ciel les ait fait naître, pratiquent avec
courage l'équitable loi du travail ! Ouvriers consciencieux, ils s'efforcent, dans un juste sentiment de dignité,
de rendre à la société tout le bien qu'ils en ont reçu, et
la société applaudit à leur jeunesse ; elle entourera leur
âge mûr de ses respects, leur vieillesse de sa vénération
reconnaissante, et, pour quelques-uns même, peut-être,
elle payera un jour, en célébrité et en gloire, le noble
salaire qui leur sera dû. »

Cet enseignement aux favorisés de la fortune est une
sublime instruction pour les déshérités.

LA SOCIÉTÉ DES FAUX AMIS

Chacun de nous, dit M. l'abbé Bertrand, peut lire dans l'Evangile une histoire de nature à lui inspirer de tristes réflexions. Rappelez-vous la dernière scène du Sauveur avec ses disciples, et l'incident que souleva la prédiction de leur fuite prochaine : après leur avoir lavé les pieds, les avoir nourris de son corps, et de son sang adorable, il voulut les prémunir contre leur propre faiblesse, ou plutôt leur annoncer que tout avait été prévu et que rien de leur part ne l'étonnerait.

— Cette nuit, leur dit-il, vous serez tous scandalisés à mon occasion ; car il est écrit : je frapperai le pasteur et toutes les brebis se disperseront. Grande rumeur parmi les disciples ; Pierre surtout frémit à la pensée de devenir infidèle et se promet bien de démentir la prophétie. — Ah ! quand même tous les autres seraient scandalisés, dit-il d'un ton résolu, moi, je ne le serai jamais.

Le Sauveur (républicain *sincère*, celui-là), le regarde et lui répond sans s'émouvoir : Vous ? en vérité je vous le dis, cette nuit, avant le chant du coq, vous me renierez trois fois. — Non, Seigneur, s'écria Pierre, quand je devrais mourir avec vous, je ne vous renierai point !

Et tous les autres disciples promirent à Jésus (homme du peuple), de lui rester fidèles jusqu'à la mort ; tous devaient être des lions, des foudres de guerre. — Très bien, jusque-là, mais attendons la fin.

Jésus se rend au jardin de Gethsemani avec quelques disciples qu'il laisse à peu de distance de l'entrée et s'éloigne d'eux pour prier, après leur avoir recommandé de veiller et de l'attendre jusqu'à son retour; un moment s'écoule : il revient et les trouve endormis.

— Quoi ! dit-il à Pierre, qui lui avait pourtant fait de si belles promesses, vous ne pouvez donc veiller une heure avec moi ?

Et s'éloignant de nouveau, il reprend sa prière. Un moment après, il revient encore vers ses disciples : ceux-ci dormaient d'un sommeil plus profond qu'auparavant ; aussi, Jésus s'en retourne-t-il sans les réveiller... et, d'une voix défaillante, il recommence sa prière : O mon père, dit-il, si ce calice ne peut s'éloigner de mes lèvres, si je dois le boire jusqu'à la lie, que votre volonté soit faite et non la mienne !

Ayant ainsi parlé, il revient pour la troisième fois vers ses disciples et leur dit : Allons debout, levez-vous, car l'heure approche où le fils de l'homme doit être livré..., partons, voici le traître !

Comme il parlait encore, Judas paraît à la tête des Juifs.

On s'empare de Jésus, on le charge de liens, on l'emmène... Où sont ses disciples ? ses compagnons, ses amis ?.... ils ont tous disparu... Quoi, tous ? Oh ! non, je me trompe : il en est resté un, c'est Pierre ; lui, le brave, toujours prêt à tirer l'épée, il suit la foule, mais de loin, de bien loin, non plus pour défendre son maître, mais uniquement pour voir la fin de ce malencontreux orage qui venait sitôt mettre sa vaillance à l'épreuve :

« Non, mille fois non, il vaut mieux un chien pour ami qu'un pareil homme. »

« *Ut vider et finem.* »

En attendant, il reste dans la cour du grand-prêtre

à se chauffer, car il faisait froid. Oui, chrétiens, pendant qu'on insulte Jésus, pendant qu'on le flagelle, qu'on le soufflette et qu'on lui crache au visage, Pierre, le disciple fidèle, se chauffe avec les soldats et les valets.

— Bientôt paraît une servante de Caïphe qui le reconnaît, bien qu'il dût se dissimuler de son mieux, se sentant en mauvaise compagnie : voilà un homme de la suite de Jésus, dit-elle simplement et sans attacher grande importance à son observation. — Moi ? répond Pierre un peu troublé de cette interpellation subite, je ne sais ce que vous voulez dire ! Là-dessus, notre vaillant soldat, le courageux disciple, ami fidèle et tout dévoué compagnon se lève et s'avance vers la porte ; il sent qu'il ne fait pas bon pour lui en pareil lieu.

Comme il sortait, une autre servante lui dit :

— Vous étiez avec Jésus de Galilée.

— Moi ? répondit-il avec assurance, en vérité, je ne connais point cet homme !

Enfin plusieurs personnes, qui l'avaient vu naguère au jardin, où les soldats venaient de prendre Jésus, lui dirent : mais vous en imposez, vous êtes Galiléen, votre langage seul vous trahit.

Alors, mes frères, — c'est en frémissant que je rapporte cette circonstance, — le malheureux disciple renouvela, pour renier son maître (son ami), les mêmes serments et les mêmes protestations qu'il lui fit la veille pour l'assurer de sa fidélité !

« Quel enseignement que l'histoire de Jésus et de ce Pierre ! Quelle lâcheté infâme ! Et combien n'en est-il pas de Pierre, parmi les soi-disant amis sur la terre ? hélas ! par centaines. »

Aussitôt le coq chante, un regard de Jésus plonge

dans l'âme du coupable qui sort bouleversé, le cœur en proie aux plus cuisants remords, et va pleurer amèrement son infâme ingratitude et son avilissante apostasie

— Hélas! chrétiens et hommes de tous les Dieux et de toutes les religions, cette histoire est la nôtre ! Nous sommes tous un peu plus ou un peu moins ce disciple prévaricateur; nous faisons aujourd'hui ce que nous avons hier promis d'éviter avec le plus grand soin; ce vice que nous détestons, et dont le souvenir nous afflige a des intelligences au fond de notre cœur; il y tient par une fibre intime qui l'y ramènera plus tôt que nous ne pensons : Oh ! défions-nous donc de notre faiblesse, de notre malice originelle qui nous rend capables de tout.

De grâce donc, fuyons *les occasions, les faux amis,* les amusements dangereux ; que le souvenir de nos chutes nous rende plus sages, plus circonspects, et plus prompts à éviter les écueils qui nous furent funestes ; quand on a bronché sur un obstacle, on s'en éloigne pour ne pas s'y heurter plus rudement encore au risque de s'y briser !

Surtout gardons-nous d'aller au-devant de la tentation et de nous exposer témérairement au danger ; ce serait demander au ciel un miracle qui nous sauvât malgré nous ; et le ciel ne fait point de pareils miracles : ce serait tenter Dieu de vouloir évidemment périr !

LA CALOMNIE (1)

SUITE DES FAUX AMIS DE LA SOCIÉTÉ

La calomnie est une imputation que l'on sait fausse, et qui blesse la réputation et l'honneur ; elle diffère de l'injure, qui s'entend particulièrement de propos ou de reproches outrageants sur les défauts du caractère ou de l'esprit ; de la médisance, par laquelle on noircit secrètement la réputation d'autrui, en citant des faits, même vrais, alors que leur révélation n'est point nécessaire, et de la diffamation, qui est la promulgation de choses infamantes, vraies ou fausses.

La calomnie, a dit un magistrat éminent (2), n'est pas une forme particulière, mais l'un des plus redoutables usages du mensonge. Son objet est surtout de nuire ; au vrai elle substitue le faux ; elle invente pour perdre, et trouve moyen de noircir les vertus les plus pures pour en diminuer l'éclat.

Rarement le mérite et le succès ont suscité l'envie sans l'éveiller elle-même. Elle frappe dans l'ombre ses victimes, et leur fait le plus souvent des blessures dont elles ne guérissent jamais.

Inspirée, accueillie, propagée par la malveillance, elle franchit les espaces pour porter au loin ses ravages, et survit même au temps pour perpétuer le mal qu'elle a fait.

---

(1) Extrait d'un discours de M. Jules Honoré, Nancy, 1873.

(2) M. le premier président Salmon, correspondant de l'Institut.

La calomnie naît de la jalousie et de l'impuissance. Aussi attaque-t-elle d'ordinaire le talent, la vertu et le génie (sans oublier l'honneur et la probité). Elle est d'autant plus tenace et plus ardente que le mérite de celui qu'elle veut atteindre est plus élevé et plus rare, de telle sorte que l'on pourrait presque mesurer la valeur d'un homme à l'ardeur des calomnies dirigées contre lui. Son armée naturelle est recrutée dans la médiocrité, qui, formant l'état commun de l'intelligence, se rencontre partout, et se ligue pour écarter ce qui s'élève au-dessus d'elle.

> « *Le mérite l'aigrit et la vertu l'offense,*
> « *Tout succès juste est horrible à ses yeux :*
> « *Le cœur de l'intrigant est toujours envieux.* (1)

Les sots et les impuissants sont rarement calomniés, et les calomniateurs emploient une arme d'autant plus dangereuse qu'elle ne peut presque jamais se retourner contre eux.

Mais si la calomnie fait beaucoup de victimes illustres, combien n'y en a-t-il pas d'obscures et ignorées qui, ne trouvant pas en soi la consolation que donne seul le génie, se retirent usées et désolées des luttes de la vie !

Combien d'injustices l'envie et la jalousie ne font-elles pas commettre à toute heure et partout ! que d'équivoques, de colères, de haines, de divisions, ne fomentent-elles pas à la ville comme au hameau, chez le riche comme chez le pauvre !

Que de mains loyales n'a-t-on pas vues se fermer l'une

______

(1) M. Gronard.

à l'autre ! que de cœurs sympathiques et généreux se sont méconnus ! Mais quels désastres ne cause pas la calomnie dans une âme tendre et passionnée !

Est-il une souffrance plus cruelle, un supplice plus douloureux que d'être épris de vérité, de justice, et de se sentir méconnu, bafoué, accusé ? Un honnête homme, dit quelque part La Rochefoucauld, devient capable de tout ce dont on le soupçonne.

Qui pourrait dire combien la calomnie a déterminé de suicides ; et combien elle a fait de méchants, de déclassés, de criminels et d'ennemis de la société ?

La calomnie est un péril permanent qui compromet les intérêts les plus sacrés, c'est le véritable assassinat moral.

Dans les temps les plus reculés, les calomniateurs étaient condamnés à subir la peine qu'ils avaient voulu faire infliger à la personne par eux dénoncée, si elle eût été réellement coupable.

Les juifs interdisaient même dans la conversation les faux rapports.

A Rome, la loi des Douze Tables édicta la peine du talion contre les dénonciateurs calomnieux ou de mauvaise foi.

Plus tard, le législateur établit des distinctions contre les calomniateurs de bonne foi, mais imprudents, il accorda l'action en dommages-intérêts au profit du dénoncé : quant aux calomniateurs de mauvaise foi, ils étaient, d'après la loi *Remnia*, marqués au front, avec un fer chaud, de la lettre K.

Le concile de Latran déclare les calomniateurs indignes de recevoir les ordres sacrés.

Les auteurs d'un libelle diffamatoire, qui ne pouvaient prouver ce qu'ils avaient avancé, étaient condamnés par le pape Adrien à être fouettés.

« Rien de plus lâche qu'un calomniateur, disait Bourdaloue ; celui qu'il attaque est ou son ennemi ou son ami, ou un homme qui lui est indifférent. Si c'est un ennemi, il a dès lors un motif de haine ou d'envie qui l'engage à mal parler, et cette conduite a toujours été traitée de bassesse.

« Si c'est un ami, quelle lâcheté de traiter ainsi les lois de l'amitié ! Si c'est un indifférent, pourquoi l'entreprend-il ? il ne l'a point offensé, et il l'offense. »

Après l'invasion des Gaules, les nations germaniques établirent aussi la loi du talion contre les dénonciateurs.

Dans les temps féodaux, l'on n'eut guère recours contre la calomnie qu'aux duels en champ-clos et aux jugements de Dieu, c'est-à-dire à l'épreuve judiciaire.

Plus tard, l'on en poursuivit la réparation devant la justice. Une ancienne loi polonaise voulait qu'en plein tribunal le calomniateur se couchât entre les jambes du calomnié, et dît à haute voix « qu'il avait menti comme un chien » ; et, après avoir imité le chien qui mord, il était obligé de contrefaire le chien qui aboie.

En Angleterre, tout complot qui fait traduire un individu au jury, en lui imputant faussement un crime dont il est acquitté, donne lieu à une action civile ou à une accusation devant le grand jury. La peine, autrefois plus sévère, est aujourd'hui la prison, l'amende et le pilori.

Les lois françaises punissent la dénonciation calomnieuse et la diffamation. (De cinq jours à cinq ans d'emprisonnement, et d'une amende qui ne peut excéder 6,000 francs.)

Mais, en réalité, la calomnie verbale échappe presque toujours à toute répression, parce qu'elle se renferme le plus souvent dans des propos vagues et généraux, dans des accusations sourdes et indécises, qui échappent à toute répression à raison même de leur caractère indéterminé.

« Comment serait-il possible de prouver que l'on n'est pas tison d'enfer ? écrivait Pascal ; et qu'y a-t-il à répondre à ceux qui accusent sans preuves et d'une façon générale, si non, vous mentez impudemment ? »

Les calomnies les plus viles et les plus coupables sont celles qui se produisent sous le voile de l'anonyme.

Le délateur anonyme ressemble à l'assassin qui poignarde sa victime dans l'obscurité.

Heureusement l'invincible mépris que toute âme honnête éprouve pour les gens qui commettent la double lâcheté de calomnier et de cacher leur nom, ou de recommander le secret, enlève d'avance tout crédit à leur accusation.

C'est à l'opinion publique seule, c'est-à-dire à chacun de nous, qu'il appartient de faire justice des calomnies anonymes et d'infliger hautement à leurs auteurs inconnus la réprobation et le mépris qu'ils méritent.

Il est des esprits modestes, tempérés, qui se disent volontiers avec Epictète : « Si quelqu'un te rapporte qu'un tel a mal parlé de toi, ne t'amuse point à réfuter ce qu'on a dit, mais réponds simplement : « Celui qui a dit cela de moi ignorait sans doute mes autres vices, car il ne se serait pas contenté de ne parler que de ceux-là. »

Ou bien encore : « Va dire des injures à une pierre ; à quoi cela t'avancerait-il ? Elle n'entendra point. Imite la pierre et n'entends pas les injures qu'on te dit. »

> *« Si vous considérez ce que vous êtes au dedans*
> *« de vous, vous ne vous mettrez pas en peine de ce*
> *« que l'on dira de vous. »*

« *Quand on me fait une offense*, disait le peintre
« Van Dyck, *je tâche d'élever mon âme si haut que*
« *l'injure n'arrive jamais jusqu'à elle.* »

Cette grande sagesse non seulement n'est pas à la
portée de tous les caractères, mais on peut dire de plus
qu'il est des circonstances où c'est un devoir de désa-
buser l'opinion en l'éclairant : il n'est pas bon d'être
trop indifférent à l'estime de ses contemporains ; mais
il est vrai qu'il serait puéril et dangereux de s'émouvoir
outre mesure des traits dirigés par la calomnie, surtout lorsqu'ils ne sont évidemment que l'aveu involon-
taire et irrité du mérite qu'ils voudraient ternir.

On connaît cette réponse du Tasse, à qui l'on annon-
çait qu'un de ses ennemis disait du mal de lui en tous
lieux :

« *Laissez-le faire*, disait le grand poète, *il vaut*
« *mieux qu'il dise du mal de moi à tout le monde*
« *que si tout le monde lui en disait.* »

« *Lorsque l'on vous fait une offense, essayez,*
« *comme Descartes, d'élever votre cœur si haut que*
« *l'offense ne parvienne pas jusqu'à vous.* »

Mais, comme tout le monde n'est pas Van Dyck, ni
le Tasse, ni Descartes, il est sinon impossible, au moins
fort difficile d'observer toujours ces nobles maximes.

En résumé, gardons-nous surtout nous-mêmes de
tomber, même sans le vouloir et indirectement, dans
le crime de la calomnie ; ne disons jamais rien à personne que nous ne soyons prêts à le répéter devant celui que nous accusons.

« Un rapport clandestin est d'un malhonnête homme.
« Quand j'accuse quelqu'un, je le dois et me nomme. » (4)

____

(4) Gresset.

Selon d'Alembert :

« Un moyen sûr, et le seul qui le soit pour ne
« point calomnier, c'est de ne jamais médire. »

(Extrait du *Magasin pittoresque*).

LA RAILLERIE

« L'amour-propre qui s'affirme par le mépris des autres, si vils qu'ils soient, est toujours répugnant, » dit Gœthe.

Un homme frivole, léger, peut ridiculiser, contredire et railler autour de lui ; mais l'homme qui se respecte semble avoir renoncé par cela même au droit de penser mal de son prochain. Et que sommes-nous tous pour oser nous élever au-dessus de notre voisin (1) ?

« Nous jugeons presque toujours des choses
« selon qu'elles nous tiennent au cœur ; et notre
« amour-propre nous met bientôt hors d'état d'en
« juger sainement. »

UNE CAUSE DE DISCORDE

« Si, dans les rapports avec les hommes, on n'a-

---

(1) C'est une chose basse que de craindre la raillerie, qui nous aide à fouler aux pieds notre amour-propre, et qui émousse, par l'habitude de souffrir, ces honteuses délicatesses.

« vait affaire qu'à ce qu'ils pensent réellement, on
« pourrait facilement s'entendre ; c'est ce qu'ils
« font semblant de penser qui amène la dis-
« corde.

« Mme DE STAEL. »

« Nous serions meilleurs amis les uns les au-
« tres, si nous pensions plus souvent au peu de
« jours que nous avons à nous aimer. »

ESPRIT ET MALIGNITÉ

« Il y a quelquefois de la méchanceté dans les gens
d'esprit, mais le génie est presque toujours plein de
bonté, » a dit Mme de Staël.

La méchanceté vient non pas de ce qu'on a trop d'esprit, mais de ce qu'on n'en a pas assez. Si l'on pouvait
parler sur les idées, on laisserait en paix les personnes ;
si l'on se croyait assuré de l'emporter sur les autres par
ses talents naturels, on ne chercherait pas à niveler le
parterre sur lequel on veut dominer. Il y a des médio-
crités d'âmes déguisées en esprit piquant et malicieux ;
mais la vraie supériorité est rayonnante de bons sentiments comme de hautes pensées.

RÉCAPITULATION SUR LES HOMMES ET LES CHOSES

— Il est donc prouvé que, parmi les — *amis,* — il se
trouve toujours bien un — *traître* — qui, à n'importe

quel moment de la vie, peut vous tromper, vous trahir, vous vendre, vous livrer et même vous faire pendre sans scrupule.

La jalousie et les intérêts, plus que la vengeance, dominent ces natures perfides et dangereuses.

La lâcheté les pousse à la calomnie et même à la raillerie...

Ayons donc dans la vie un peu moins d'amis et cherchons-y un peu plus le travail !

Que celui-ci soit notre meilleur ami ; aimons-le sincèrement, il ne nous trahira pas. Et, s'il vient un jour à nous manquer par les circonstances du temps, des évènements et des affaires ou par des malheurs particuliers, ne perdons pas courage ; mettons-nous en route, recherchons-le de rues en rues, de maisons en maisons, de la cave au grenier, et on finira par le retrouver, cet ami travail, qui est le seul bien sur cette terre, où la vie n'est qu'un combat continuel. Cherchons le travail ; que le travail, en quoi que ce soit, soit notre premier ami, car c'est lui qui nous donne la vie, nous nourrit et nous met à l'abri des misères et des tentations de ce monde, de la honte et de la prison, enfin.

Oui ! soyons amis du travail, soyons travailleurs et non — *flâneurs* — ou voleurs ! Par ce mot *voleur*, je n'entends certes pas vouloir dire criminel de grande route, on peut être — *voleur* — sans sortir de chez soi, voleur d'honneur, de vertu, de dignité, de conscience, en un mot *voleur* de tout ce qui appartient ou peut moralement appartenir à autrui.

En travaillant ou même en cherchant le travail, on n'aura naturellement pas le temps de violer les lois et la justice... je n'entends pas non plus par ceci qu'il ne faille *jamais* avoir un moment de repos ou de distraction.

Non, le marchand de vin est un commerçant comme le parfumeur et le chaudronnier, et il est certainement avéré que celui-ci, pas plus que celui-là, ne vous dira : *Allez chercher des amis pour boire et ne travaillez pas !*

Il n'y a donc que les — *faux amis* — qui peuvent vous conduire dans cette voie qui conduit au malheur (1).

Or, si nous voulons éviter le malheur, soyons *travailleurs* et amis dévoués du travail !

SUR L'AMITIÉ

Un bon ami, dit Socrate, supplée à tous ceux qui manquent à son ami, soit pour la vie privée, soit pour la vie publique, il l'aide à rendre un service, il le débarrasse de ses craintes, il le secourt de sa bourse et de ses démarches, il l'encourage dans ses bonnes actions, il le redresse dans ses erreurs.

L'aide que se prêtent les yeux, les oreilles, les pieds, l'ami la prête à son ami ; ce que vous n'avez pas vu, entendu, ou fait par vous-même, un bon ami le voit, l'entend, ou le fait pour vous.

Ce qui entretient l'amitié, c'est la modération, l'humeur facile, la disposition à ne pas se laisser surpasser en bons offices.

Voulons-nous acquérir l'amitié d'un homme de bien, soyons homme de bien nous-mêmes.

---

(1) Un faux ami ressemble à l'ombre d'un cadran, elle paraît quand le temps est serein, elle disparaît s'il est nébuleux.

CODE DE CONDUITE

« Il ne faut pas traiter de chimère l'ambition de viser à la perfection. On sait que l'on ne peut y atteindre ; mais on sait de même que l'on gagne beaucoup en y visant.

« Peu d'hommes, dans les campagnes, sont assez adroits pour atteindre juste au but dans le jeu de l'arc ; mais, en visant bien, quelques-uns parviennent aux cercles les plus voisins du point noir qui sert de but, et les maladroits ou les étourdis, qui n'y visent pas du tout, perdent leurs flèches dans les champs ou dans les bois. »

Cette pensée d'un auteur profondément savant, s'étend sur tout ce que l'on peut être appelé à faire dans la vie. Elle se rapporte même avec la plus grande intention au but de la création du présent petit livre.

« Vouloir, c'est pouvoir, » dit un vieux proverbe français.

Prenons donc courageusement ce vieux proverbe pour exemple, de peur de tomber dans un proverbe espagnol, qui dit :

« Le sentier de *Tout à l'heure* et la route de *Demain* ne conduisent qu'au château de *Rien du Tout.* »

LA VOLONTÉ

« Pour celui qui veut se perfectionner, les occupations les plus ordinaires fournissent bien des occasions de progrès, mais il faut savoir en tirer parti, » a dit Charles Laboulaye.

J'en citerai quelques exemples populaires, en Angleterre, le pays de la volonté persévérante. Le professeur Lee se sentit attiré vers l'étude de l'hébreu en voyant, dans une synagogue, où il avait été appelé comme ouvrier charpentier pour réparer les bancs, une Bible imprimée en caractères hébraïques. Il fut pris d'un immense désir de lire le livre dans l'original, et, ayant acheté une grammaire d'occasion, il se mit au travail, et réussit à apprendre seul cette langue.

Comme le disait Edmond Stone au duc d'Argyle, qui lui demandait un jour comment il avait fait, lui, pauvre aide-jardinier, pour arriver à lire les *Principia* de Newton en latin : « On n'a besoin que de savoir les vingt-quatre lettres de l'alphabet... et de vouloir, pour apprendre tout le reste. »

Donc, vouloir c'est pouvoir; mais il faut du courage et de la volonté, et de la persévérance qui est la constance dans ce qui est bien.

LA PATIENCE

« La patience, la plus sainte des vertus, ne s'achète pas pour rien, » a dit Léopold Schefer. « Elle deviendra ton bien seulement *en patientant*, et tu ne la gagneras pas comme d'autres biens, en un seul coup, mais seulement peu à peu. »

« Il te faudra être calme, endurer, aimer, espérer, pardonner. L'homme bon peut seul être patient, car en devenant patient, il devient en même temps bon. Si donc, tu veux être bon, apprends à endurer, à aimer, à espérer, à pardonner un peu, puis toujours un peu plus, toujours plus volontiers, jusqu'à ce que ce soit là ce que tu aies le plus de bonheur à faire, la seule chose que tu fasses. Alors tu auras, avec la bonté, conquis la plus sainte des vertus : mille trésors en un. »

PREMIÈRE CONCLUSION D'ÉTUDES

Soyons ou cherchons à être bons, fuyons les mauvaises occasions, travaillons, étudions toujours et encore, nous nous reposerons quand nous serons morts. Quand nous serons morts, nous nous reposerons pour toute l'éternité. Car, si après avoir beaucoup travaillé, nous n'avons pas d'un grain de blé trouvé une gerbe d'or nous aurons certainement peu fait tort. Mais en tous cas, nous aurons bien mérité de nous reposer en paix.

C'est le bonheur que je souhaite à tous prisonniers et lecteurs, qui auront daigné me lire jusqu'au bout.

J.-A. V...

En attendant revenons à notre procès, afin d'y trouver la morale et le — *bouquet !*

SUITE DU PROCÈS

Le lundi 28, à 9 heures du matin (après la soupe), mon gardien vint me dire : « Allons, faites vivement votre toilette, vous allez en ville faire une petite promenade à pied. — Quoi ? qu'est-ce que ça ? pourquoi faire ? où aller ? lui dis-je. — Chez votre expert sans doute, car il y a deux messieurs qui vous attendent au greffe. » En effet, étant prêt, on me conduisit vers ce bureau et j'y trouvai deux hommes de la police secrète qui m'attendaient ; ils m'invitèrent d'une manière ni trop polie, ni trop sévère à les suivre. Arrivé dans la rue, je les trouvai très convenables lorsqu'ils me dirent : Nous devons vous conduire chez l'expert comptable, et rassurez-vous au sujet du public, il ne s'apercevra nullement que vous êtes notre prisonnier. Comme vous le voyez, nous n'avons aucun insigne de notre mission « *Nous ne sommes pas des employés de la maison* CRESPIN, dit l'autre *en plaisantant* », et nous ne vous tenons, — qu'en vue.

Ce procédé était réellement délicat, ou tout au moins courtois, car ils ajoutèrent : quand nous avons malheureusement affaire avec un —*type*— plus ou moins suspect ou que nous supposons capable d'intentions d'évasion à nos yeux, alors nous avons bientôt fait de le *garrotter* avant de sortir de la prison. Nous lui mettons à la main *droite*, une petite corde que nous passons dans la poche de son pantalon, et que nous lions fermement à sa cuisse, afin de lui ôter toute idée d'intention de rebellion ou de vouloir nous échapper.

Ce moyen est très simple, mais aussi très sûr, car nous sommes responsables de l'homme que la prison nous a confié.

Il y va non seulement de notre honneur, mais de notre position. Si nous sommes obligeants, cela nous regarde. Nous pouvons même accepter un verre de vin, si le prisonnier nous l'offre, mais il nous importe de ne pas nous laisser endormir...

L'expert demeurait très loin ; en arrivant dans la rue

où il habite, vers sa porte, il était environ dix heures, il se trouvait là un autre homme, aussi employé de la Préfecture, qui venait dire à mes deux conducteurs : il y a erreur d'heure, ce n'est que pour midi, en attendant cette heure, conduisez votre homme à la Préfecture.

Nous en étions encore éloignés, car nous n'y arrivâmes que vers onze heures.

Placé dans une assez grande pièce du rez-de-chaussée, un des employés d'un bureau vint très poliment me demander : Monsieur, voulez-vous déjeuner ? Non, répondis-je, merci, je suis obligé d'attendre, car dans mon empressement, je suis sorti du —*couvent*— de la gare de Lyon, sans emporter d'argent. — Il ne s'agit pas d'argent, vous n'avez rien à payer, voulez-vous déjeuner ? Ça ne sera pas un déjeuner comme chez *Vachette*, mais ça vaudra toujours bien le bouillon Duval. C'est le gouvernement qui paye. — C'est le gouvernement qui paye ? Alors, en ce cas, je veux bien accepter sa — graciéuseté. Et quelques minutes après, il m'arrivait une fort jolie petite bonne de restaurant qui m'apportait (comme par enchantement) une petite soupière remplie de très bon bouillon et un plat sur lequel se trouvait du bœuf entrelardé, et une assiette contenant des épinards. Puis un grand morceau de pain blanc (au moins pour 4 sous), une chopine de très bon vin rouge, un verre, un carafon d'eau, bien pure, une cuillère, une fourchette, *mais pas de couteau*, le couteau étant interdit. Quand j'eus fini de manger, on vint me dire : Maintenant, Monsieur, il est l'heure de retourner en ville, chez votre expert.

Je traversai de nouveau tout Paris, à côté de mes deux conducteurs avec qui je continuai à causer de différentes choses, de mon affaire, et surtout du bon déjeuner que je venais de faire, *aux frais du —gouverne-*

ment, comme m'avait dit l'employé, ou sous-chef de bureau, d'où je venais.

Arrivé chez l'expert (à un 3e ou 4e étage), celui-ci me fit asseoir devant lui en posant magistralement derrière une petite table, et me toisant d'un air important comme s'il avait à me juger et à me condamner à plusieurs années de galères, puis il me dit d'un ton d'autorité supérieure : Vous allez me répondre sur *toutes* les questions que je vais vous faire ; peu s'en fallait qu'il imitât les photographes par ces mots traditionnels : *attention ! ne bougez plus ! je commence !* Il redressa son gros ventre (ou son pantalon), se moucha le nez dans un grand foulard de soie rouge à carreaux bleus et jaunes, prit une prise de tabac dans une grande tabatière en *argent*, frotta ses lunettes avec un petit linge blanc, retira de la poche de son gilet, *vert foncé*, une grande montre remontoire en or, dont la grosse chaîne en or massif lui pendait sur le ventre, regarda glorieusement l'heure, remit cette espèce de relique de famille dans sa poche après avoir jeté sur nous un regard prétentieux et interrogatif comme un homme qui dit : Avez-vous vu ma montre ?! puis prit une plume, la retourna vingt fois, et finit enfin par me dire :

« J'ai des renseignements sur votre compte jusqu'en 1874. Où demeuriez-vous en 1881 ? Vous demeuriez chez votre frère et vous aviez encore un logement ailleurs, qu'est-ce que cela signifie ? »

Étonné et vexé de ce ton de juge d'instruction, ou plutôt d'audacieux... impertinent..., je lui répondis :

« Est-ce ma vie privée que vous êtes chargé d'examiner ou les comptes de mes livres de commerce ? Êtes-vous expert-comptable ou — janissaire ? S'il en est ainsi, vous pouvez compter que je ne vous répondrai pas, et je vous défends même de m'en parler. Interrogez-moi sur mes affaires commerciales, et je vous renseignerai. »

Cette réplique déconcerta et fit baisser le ton de mon audacieux... malin...; mais il se disait sans doute : « Ça ne fait rien, mon gaillard, je me rattraperai bien; mon rapport ne sera certes pas en ta faveur! »

Il me parla donc de quelques comptes insignifiants et réglés depuis longtemps. Le voyant plus embarrassé qu'à son aise, je lui dis : « Toute réflexion faite, si c'est ma biographie que vous désirez avoir, je vais retourner à Mazas, et là, je pourrai vous l'écrire. »

Cette soi-disant décision lui souriait, car il me dit : « C'est ça, retournez à Mazas. » Et l'un de mes conducteurs (nommé Boudou) lui demanda : Faudra-t il revenir? « Non ce ne sera plus nécessaire! » répondit mon curieux expert.

Nous retournâmes donc à Mazas; il était trois heures quand je me retrouvai dans ma cellule; je mangeai mes *haricots*, je bus un verre de vin, et je me remis au travail, à l'étude. Mais je ne me donnai pas la peine d'écrire ma biographie pour ce — fameux — expert. J'étais fatigué d'avoir marché, je me couchai très tôt, mais je ne pouvais oublier le rôle que ce *malicieux*... expert avait voulu me faire jouer.

C't animal n'était pour moi ou selon moi, qu'un fourbe, un traître. Je me rapporte à l'opinion publique pour qu'elle juge à quel point un tel homme peut être estimé.

Le mardi 5 juin, j'adressai cependant à ce bel expert, la lettre suivante:

Paris (Mazas)
Mardi 5 juin 1883.

—

« Monsieur RABOUGNAT.

« J'aime à croire que vous n'êtes ni assez sot, ni assez naïf que d'attendre ma biographie pour vous occuper de mes comptes, à moins que vous ne soyez plus *délateur* que *compteur*.

« Veuillez donc, je vous prie, le plus tôt que possible, vous occuper de votre mission qui, seule, consiste à examiner mes livres de commerce, et sans trop de retard, en un rapport aussi consciencieux qu'un honnête homme doit le faire.

« J'admets que, comme les —*sergots*,— vous soyez payé pour arrêter, comme les commissaires de police sont payés pour enfermer, comme les juges sont payés pour condamner, comme le gouvernement, etc., etc. Mais laissez à chacun sa mission ; la vôtre est, et ne doit être, que d'examiner les comptes, à moins que vous ne vouliez être considéré comme *mouchard*.

« Entre temps, croyez à ma considération. »

J.-A. V.

—

Le vendredi 8 juin, je fus de nouveau transporté au Palais, devant mon juge d'instruction, qui déjà, sans doute, avait reçu la visite de mon *expert*, lequel certainement s'était empressé de me complimenter, car je n'eus pas de peine à le deviner, d'après les observations que me faisait ce juge, sans cependant y attacher une

4

importance fâcheuse, car ce fut d'une manière très courtoise qu'il me dit ceci : « Il paraît, Monsieur, que vous ne perdez pas votre temps à Mazas ; je suis bien aise, pour vous, que vous ne vous soyez pas trop affecté. J'ai appris que vos journées étaient consacrées à la lecture, que vous écriviez aussi beaucoup, que vous faites même de la musique. Allons, prenez encore un peu de courage ; je vais, dans quelques jours, pouvoir soumettre mon rapport à la chambre des mises en accusation, et j'espère que votre affaire tournera en votre faveur. »

En attendant, j'avais encore une fois éprouvé toutes les horreurs de cette voiture cellulaire et de ces vrais *cachots* d'attente, jointe aux grossièretés de quelques employés préposés à la surveillance de tous ces individus, sans distinction.

J'admets qu'ils n'aient pas à faire des *mamours* à des gens qui se trouvent entre les mains de gendarmes, mais je ne comprends pas et jamais je ne comprendrai que ces hommes qui, presque tous, sont pères de famille, puissent être considérés comme *abrutis*, car ils sont libres, ils ont leur demeure en ville, comment peuvent-ils donc s'*abrutir* ?

Pour moi, ce ne sont que des —paysans— qui se croient quelque chose, et qui n'arrivent même pas à comprendre qu'ils ne sont *rien*, rien que des employés à un poste qui devrait leur montrer la morale et, par conséquent, bannir la brutalité.

Il y a là un abus, non moins regrettable que bien d'autres, et qui tout simplement dépend des chefs.

Le lundi 11, j'adressais à M. Atthalin la lettre suivante :

Paris (Mazas)
Lundi 11 juin 1883.

—

« Monsieur le Juge,

« Si vous êtes heureux, riche et savant, pensez, s'il vous plaît, au pauvres déshérités de la fortune et du talent

« Si vous méprisez les — misérables, — ayez, s'il vous plaît, pitié des —*malheureux*,— et veuillez ne pas confondre ces deux. « Le méchant, le mauvais n'est pas l'infortuné ; être dans le malheur, même dans la *misère*, n'est pas encore être déshonoré ; le —*malheureux*— n'est pas une *personne méprisable*.

« Quiconque méprise les hommes mérite d'être méprisé par eux, a dit M. Rosseeuw Saint-Hilaire. C'est votre conscience qui parle à votre insu, et quand vous condamnez tout le monde, c'est vous-même que vous condamnez.

« Le bonheur d'une âme sensible s'accroît de
« tout ce qu'elle enlève au malheur d'autrui.
« J. PETIT-SENN. »

« Conclusion de ma lettre : prière de penser à mon affaire, et d'agréer mes salutations respectueuses.

« J.-A. V... »

Le dimanche 24, j'écrivis à mon avocat la lettre suivante :

Paris (Mazas)
Dimanche 24 juin 1883.

—

« Monsieur X. Y...,

« Qu'il me soit permis de vous adresser une prière : si vous pouviez disposer d'un moment pour voir M. Atthalin, juge d'instruction, veuillez lui demander s'il m'a oublié, ou s'il me fait l'honneur de me prendre pour un personnage *mystérieux*, ou encore s'il veut chercher à faire de mon affaire (toute commerciale) une illustration criminelle, et, par ce moyen, faire de moi une curiosité publique et le coup de ma fortune. Il y a tout lieu de le supposer et d'avouer, avec les journaux et les plaintes du monde, que la prévention est une absurdité, etc...

« Enfin, je ne puis comprendre le motif de ce retard d'instruction dans une affaire aussi simple que claire et faible d'importance. Car, en somme, de quoi s'agit-il? De n'avoir pas voulu rembourser *immédiatement*, à la *fantaisie* d'un employé *intéressé* son apport *commercial*, dont l'échéance ne tombe que dans trois mois.

« Veuillez, s'il vous plaît, Monsieur X. Y..., sitôt qu'il vous sera possible voir M. Atthalin, ou je vais me disposer à écrire au Ministre de la justice et même au Président de la République, car mon arrestation n'est pas seulement *arbitraire*, mais elle est illégale en tous points, attendu que mon affaire n'est pas une affaire civile, mais bien *commerciale*. Que dis-je? Pas même commerciale, puisque les échéances ne sont pas tombées.

« Or, je dois non seulement être acquitté, mais le tribunal correctionnel en se déclarant *incompétent*, n'a pas même à renvoyer l'affaire devant le tribunal de commerce, puisque, comme je viens de le dire, les échéances des contrats ne sont pas tombées. Et alors, vous, de votre côté, aurez à vous porter de suite partie civile, pour demander des dommages et intérêts à mes imbéciles.

« En espérant ne pas être trompé dans mon attente, agréez, Monsieur X. Y..., mes civilités empressées.

« Votre serviteur, J.-A. V... »

Mardi 27, à 10 heures du matin, je fus de nouveau transporté devant le juge d'instruction qui me recevait toujours avec la plus charmante courtoisie. Etait-ce de la considération ou de la pitié ? ou encore de la politique du métier ? Je ne sais, mais je crois plutôt à cette dernière hypothèse, car il me dit : Je regrette Monsieur V... de vous avoir de nouveau dérangé dans vos occupations, mais j'avais encore un petit renseignement à vous demander. Maintenant tout est terminé, je déposerai mon rapport cette semaine et ce sera une affaire terminée. » Il y a des procureurs qui traitent les citoyens comme des criminels, et de la plus sévère façon, leur reprochent des faits qui n'ont aucun fondement. Et l'étonnement se change en stupeur quand, en hommes qui ne connaissent qu'une mesure, ils vous disent : vous dites que vous êtes innocent, que vous n'êtes pas coupable, mais je vous dis que vous l'êtes.

Ainsi, vous êtes un homme estimé, honoré, et cet étrange jugement vous assimile tout à coup à un vaurien vulgaire ! M. Atthalin ne fit pas ainsi, il procéda non avec légèreté, mais avec adresse, avec *délicatesse* et finesse de tact, un petit air doux, mielleux et familier, sans la moindre apparence d'autorité. Et c'est ainsi qu'il attrappe — *adroitement,* — son monde, et finit par vous faire dire des choses que certes on ne lui dirait pas s'il était butor, c'est-à-dire qu'alors on pourrait bien se laisser aller à dire tout autre chose.

Tel que ceci par exemple :

« Nos réflexions indiquent ce que nous voudrions être. Notre conduite fait voir ce que nous sommes. »

« Nous sommes tous fragiles, mais vous devez croire que personne ne l'est plus que vous. »

« Quand la justice disparaît, il n'y a plus rien qui puisse donner une valeur à la vie des hommes. »

Je ne parlerai plus de l'ignoble *cachot* où l'on fourre le prévenu avant et après les instructions du Palais de Justice, ni de l'ironique cynisme des surveillants de ce Palais, ni de la triste et défectueuse voiture cellulaire je l'appelle défectueuse, parce que, à mon avis, cette voiture pourrait être plus cruelle qu'elle n'est, mais donner moins d'occasion de communication. Qu'on ne m'accuse pas de — *barbare,* — je parle au point de vue général du contact, et pour n'être pas vu par des gens dont on peut se passer de faire connaissance. Quand je voudrai vivre en communauté avec toute sorte de monde, je me ferai — *trappiste.* Mais jusqu'à présent, je préfère la *liberté* que d'être *moine.* Cependant pour terminer cette journée et pour faire mon stage de *couvent,* on me reconduisit à *Mazas,* dans ma cellule.

Le lundi 2 juillet, j'écrivais à mon avocat la lettre suivante :

Paris (Mazas)
Lundi 2 juillet 1883.

—

« Monsieur X. Y...,

« La fabrique de coupables a enfin terminé son instruction. M. Atthalin doit avoir déposé son rapport la semaine dernière. La juridiction va donc pouvoir prononcer sur cette *grave* affaire dont le dossier est presque aussi volumineux que celui des Fenayrou. Je ne dis pas des Philippart ou des Feder-Bontoux et consorts de l'ancienne société — l'Union générale ! parce que là, il s'agissait d'hommes *importants*, six pieds de haut et pas mal ventrus... et non moins nobles et — intelligents !... (intelligents surtout). Mais avec moi, bien qu'il ne s'agît que de quatre imbéciles instigués par un méchant... qui se nomme Ceraolc et a qualité de —*chef*— de la conspiration, moi, je ne suis qu'un petit bonhomme qui n'ai aucune obésité, et par conséquent peu d'espoir d'imposer. Je sens donc parfaitement, Monsieur X. Y..., que, si je n'avais le bonheur d'avoir votre concours, votre appui de conscience, d'équité, de principe d'égalité et de justice, je pourrais dores et déjà me compter pour un homme perdu pour toute la vie.

« Une femme de bonne famille et un enfant plongés dans la plus affreuse des misères..., le déshonneur ayant brisé crédit et considération, et tout cela, par suite d'excès de zèle de la Magistrature, qui, le 4 mai dernier, n'a rien trouvé de mieux que de me faire arrêter, sans autre forme de procès, que de dire : *Allez l'arrêter !* et sans s'occuper si la plainte que l'on avait portée était fondée; c'est épouvantable, mais malheureusement ce n'est que trop vrai : Protester était inutile, on ne proteste pas avec la police, même en France, même sous le règne de — *la gueuse* (comme on dit au *Figaro*).

« Je ne pouvais donc que m'incliner devant cette arrestation aussi arbitraire qu'illégale, et tout cela, pour rendre soi-disant justice, à qui? à un *poseur* qui avait à attendre l'échéance du contrat. Et comme jamais personne n'a quitté ma maison sans être réglé en temps, celui-ci, et même d'autres, n'eussent pas été moins remboursés que les précédents (voir ces règlements de comptes dans chaque chemise des dossiers qui ont été saisis avec mes livres de commerce, etc., et qui ont été vus par M. RABOUGNAT, expert), quoique celui-ci soit allé chercher des comptes réglés, quand il n'avait qu'à s'occuper de ceux d'aujourd'hui.

« Mais je comprends que lorsque l'on complique les affaires, çà donne de plus gros honoraires : voilà le *hic* de ces bons experts.

« Je regrette de devoir le dire en passant, mais M. Atthalin, juge d'instruction, a bien aussi fait tout son possible pour compliquer un peu les plaintes à ma charge, et cela s'appelle de la justice. Dans tous les cas, ce n'est pas moral du tout.

« Ruiner et déshonorer une famille honnête, pour le beau plaisir de —*fabriquer*— un coupable, c'est affreux!

« Ils se donnent pourtant bien du mal, ces Messieurs, mais comme tout le monde me dit, même M. le Directeur de la prison : avec Me X. Y..., mon affaire est un acquittement certain d'avance.

Je vous assure donc Monsieur X. Y..., qu'aussitôt ma liberté, je saurai quand même bien trouver à régler les

honoraires, que vous aurez si dignement et si justement mérités. »

Agréez, Monsieur X. Y..., mes salutations empressées.

J.-A. V...

———

Le mercredi 4, j'adressai au même avocat la lettre suivante :

Paris (Mazas)
Mercredi 4 juillet 1883.

—

« Monsieur X. Y...

« Je sais qu'il est difficile que ce qui s'affirme parfois
avec le plus de vérité soit parfaitement compris dans
son véritable sens par ceux qui sont déterminés à croire
le contraire. Mais, comme la réputation de votre talent
passe dans le monde pour être le tout-puissant du barreau, laissez-moi me bercer du doux espoir que vous
parviendrez à convaincre mes juges que je ne suis pas
un *escroc*, mais bien un commerçant, malheureusement
pas de la première importance, mais honnête et travailleur, et pas du tout *faiseur* au cautionnement comme
on voudrait me qualifier. J'ai eu confiance dans le papier timbré, soit comme apport, soit comme garantie,
cela m'est indifférent. C'était un contrat, et je comptais
et compte encore que tout homme honnête et loyal doit
respecter sa signature. Et si l'on ne m'avait pas arbitrai-
rement et *illégalement* enfermé, à l'heure qu'il est, au
lieu d'être déshonoré et ruiné... tout serait réglé; car
nul n'a jamais quitté ma maison sans être rétribué en
son temps.

« Et vous pouvez voir dans les papiers, que depuis

quelques jours je cherchais un *associé* pour pouvoir *remercier* mes employés *intéressés*, gens qui tous voulaient beaucoup gagner, mais peu travailler.

« L'autorité, selon moi, aurait dû faire respecter le papier timbré vendu par le gouvernement.

« Quant à *maison sérieuse* dont on vient me parler, voyez à ce propos une lettre que j'ai eu l'honneur d'adresser à M. Atthalin, laquelle doit se trouver à mon dossier.

« Si l'on considère une *maison sérieuse* sur son chiffre d'affaires, alors, depuis le mois de janvier 1883, il doit y avoir, dans Paris, un fort grand nombre de maisons qui ne sont relativement plus sérieuses du tout ; la crise, je dirai même la décadence commerciale, règne pour moi comme pour les autres.

« Et les tentatives de révolte, et les pétitions des négociants de Paris au président de la République sont des preuves irréfutables de la misère des affaires industrielles et commerciales. Quant à l'apparence de ma maison, dont on cherche à me faire un grief, quel est le commerçant, même le plus modeste, qui ne fait pas un peu d'étalage ? ou de réclame ? une maison de bijouterie ne peut ressembler à une écurie. J'aime donc à croire Monsieur X. Y..., que par votre parole, la justice saura débouter mes plaignants de leur demande ou tout au moins les renvoyer devant le tribunal de commerce, *s'il y a lieu.*

« Agréez, Monsieur X. Y..., mes salutations sincères. »

Votre serviteur, J.-A. Y...

Le lundi 9, j'adressais à Monsieur le Président de la Répupublique la lettre suivante :

Paris (Mazas)
Lundi 9 juillet 1883.

—

Monsieur le Président,

« Permettez-moi de vous adresser quelques réflexions qui, tout en n'étant ni académiques ni politiques, n'en sont pas moins justes et fondées d'assez de morale et de bon sens que pour mériter d'être lues par vous.

« Depuis le 4 mai dernier, je suis en prévention, et je n'ai rien fait que de vouloir faire respecter mon droit, en croyant que le papier timbré vendu par le gouvernement avait une valeur. Mais il paraît que sous la République il n'en est rien. Je me suis donc trompé, ou plutôt j'ai été trompé, et en ce cas, on pourrait bien appeler *cela* une escroquerie, car vendre un objet qui n'a aucune valeur, c'est tromper le monde. Mais c'est le gouvernement, et que Dieu me préserve de penser qu'un gouvernement soit trompeur, surtout en République. Cependant son papier timbré, — pour moi du moins, — n'a eu aucune valeur, puisque l'on a préféré me déshonorer, me ruiner... que de faire respecter cedit papier timbré.

« Je suis né sous le règne de Charles X, j'ai 57 ans d'âge; j'ai donc vu le règne de Louis-Philippe, la pauvre petite République de 1848 et le règne brillant du second Empire. Mais jamais je n'ai vu le droit d'un citoyen, commerçant patenté, contribuable, si peu respecté que sous la *République* de nos jours.

« La pauvre insensée Louise Michel a bien eu tort de dire à ses juges qu'ils avaient bien mérité de l'Empire, elle aurait dû avouer qu'ils avaient bien mérité de la commune.

Les terribles chefs de cette — *trop fameuse* — commune de 1871 n'auraient pas été plus sévères envers et contre une d'*Orléans*.

« Mais! pardon, ce n'était nullement de Louise Michel et de la commune que je voulais parler; c'est de la lenteur incomparable que met la justice *républicaine* dans la décision d'une affaire et qu'elle veut faire passer pour judiciaire, quand elle n'est que purement commerciale et encore? Ah! du train que cela va, on pourra bientôt dire : la *Bastille* est tombée, mais elle est parfaitement rétablie en la maison de Mazas, car M. Atthalin, juge d'instruction, a dans cette affaire mis tout le temps possible, et a poussé le zèle jusqu'à chercher des gens qui ne se plaignaient pas, et qui même furent fort contrariés d'être demandés.

« Je crois même que pour pouvoir — *quand même* — fabriquer un coupable, M. Atthalin eût été heureux de trouver mes anciens chefs militaires, pour voir s'il n'y avait pas à ma charge quelques jours de salle de police, soit pour être rentré trop tard à la caserne, soit pour avoir manqué une note de musique (puisque j'étais musicien gagiste).

« M. Atthalin a déposé son rapport, je ne dis pas comme pour l'ancienne société l'*Union générale*, car je n'ai pas l'honneur et l'*avantage* d'appartenir à l'un des membres de cette *illustre société!* mais il me semble, Monsieur le Président, que cedit rapport, celui de *mon* affaire, devrait bien pouvoir obtenir, sinon la faveur, au moins la considération d'être examiné et même *repoussé* comme n'étant nullement de la compétence d'un tribunal correctionnel, mais bien d'un tribunal commercial, et pas même, à moins qu'il soit bien avéré que le papier timbré de la République n'est qu'un leurre ou n'est valable que pour des Philippart et autres industriels et commerçants de cette catégorie, ce qui, j'espère, n'est pas. Mais alors, Monsieur le Président, qu'il me soit au moins permis de solliciter le droit de l'équité et la fin d'une prévention qui ferait de moi, non pas un *escroc*, mais un mendiant et peut-être même un voleur (La morale d'une telle prévention ne peut faire qu'un voleur).

« Voici déjà le terme de mon loyer tombé, ma maison de commerce fermée, et le propriétaire qui vient menacer de faire saisir mes meubles et vider mon appartement. Voyez-vous dans les rues, Monsieur le Président, une femme de 56 ans et un enfant de 15 ans chétif, sans soutien? c'est épouvantable ! et tout cela pourquoi? pour n'avoir pas voulu rembourser *immédiatement à la fantaisie* d'un employé *intéressé* son apport commercial, dont l'échéance ne tombait que dans trois mois, mais j'étais assez naïf de croire que le papier timbré de la République avait toute sa valeur annoncée, seulement j'ose espérer que le tribunal saura bien le faire respecter et lui donner sa juste valeur, même sous la République.

« Ma présente lettre a donc pour but de solliciter votre bienveillance comme votre prérogative pour obtenir la faveur de faire activer cette affaire.

« Comptant sur une équitable considération, veuillez agréer, Monsieur le Président, l'assurance de mon plus profond respect avec lequel j'ai l'honneur d'être

« Votre très humble et très obéissant serviteur. »

J.-A. V...

Etant alors certain d'être défendu par Me X. Y..., je comptais sur un acquittement, si toutefois je passais en jugement; car il y avait des moments où je me berçais encore de l'espoir d'entendre un matin, dans le couloir, le cri : « Numéro 38, en LIBERTÉ! par ordonnance de non lieu. »

Je pouvais donc me permettre de me livrer , sinon à la gaieté, au moins à la distraction. C'est ainsi que, quand on commença à parler de la fête nationale du 14, de l'inauguration de la statue de la République, place du Château-d'Eau, qu'il y aurait partout beaucoup de monde, beaucoup de joie, enfin que pour ce jour, les malheureux mêmes seraient riches; alors, loin de me désoler, j'eus le courage d'accepter mon sort en vrai philosophe, et je me dis : Eh bien! je ferai fête aussi. Puisque les rues seront enguirlandées, je tranformerai ma cellule en un lieu de félicité, de bonheur, d'état heureux. Au lieu de pavoiser mes fenêtres, je pavoiserai mes murs. Et croirait-on que j'eus le courage d'acheter pour six sous de papier blanc, et que j'eus la constance de découper tout ce papier en petites bandes à feston imitation de guipure et d'autres frisées en tire-bouchon. Ensuite, je demandai à un prisonnier (contre-maître de travaux de reliure de livres), de me faire le plaisir de me procurer un peu de colle, ce qu'il ne tarda pas à m'apporter. Et dans la nuit du vendredi 13 au samedi 14, j'allumai deux bougies, que je plantai, l'une sur la tablette de la cuvette, l'autre sur la tablette du matelas. Et ma cellule étant ainsi bien éclairée, je me mis à coller mes bandes de papier frisé autour de ma fenêtre et de ma porte, et mes bandes de dentelles au bord des tablettes; tout cela bien collé, j'éteignis mes bougies et me couchai.

Au réveil du matin, mon gardien fut tout étonné de

voir cette décoration artistique, sachant que jamais je n'avais étudié les arts décoratifs.

Il ne m'en fit aucune observation, au contraire, il souriait d'un air satisfait et paraissait résolu à ne pas m'ordonner de rien arracher.

C'était fête ; sans doute que cet homme se disait :

« Bah ! personne que moi ne verra ça ; laissons ce malheureux prendre son plaisir où il le trouve ! »

Encouragé par son silence et par un bon bouillon, qui remplaçait la soupe maigre, ordinaire de ce jour, je passai toute ma matinée à décorer les murs, et quand vint midi, ma cellule était devenue aussi riante qu'un petit bosquet (moins les fleurs), enfin transformée en un véritable petit logement artistique et de *haute philosophie*.

A la tournée de la cantine, de deux heures, je demandai pour quatre sous de jambon, quatre sous de pain blanc, une chopine de vin, trois sous de figues, deux cigares et encore deux bougies. Je ne pris qu'une chopine, parce qu'il était défendu d'en donner plus à la fois ; d'ailleurs, j'en avais encore un litre de réserve (meilleur), ainsi que du bon café et du sucre.

A trois heures, on m'apporte un gros morceau de bœuf en place de haricots. Je débarrassai ma table, j'y mis une serviette en guise de nappe ; je fis une assiette avec la croûte de dessous de mon petit pain noir, j'étalai mon pain *blanc*, mon jambon, mon vin, mes figues, ma bouteille à café et mon sucre.

Je mangeai un peu de tout ; je vidai ma chopine, je pris même un verre de mon *meilleur* vin, mon café bien sucré et j'allumai un cigare.

Eh bien, ma foi ! il fut un moment où je ne me croyais pas en prison. Aux murs, mes guirlandes de papier frisé, une table bien blanche et relativement bien garnie. J'eus soin de laisser le tout dessus, cela ressemblait un peu à un petit festin de Balthasar (excepté que je ne vis pas sur le mur une main qui traçait l'arrêt de ma condamnation). Il était environ quatre heures; je fumais toujours mon cigare, mais je fus interrompu par mon gardien, qui vint m'annoncer *la promenade*. En voyant ma table, il se mit à rire et me dit : « Ah! diable, c'est vraiment fête chez vous. »

J'allai pendant trois quarts d'heure respirer l'air, à la place d'un autre détenu qui venait de quitter ce lieu et qui, peut-être, avait jeté avec intention l'affiche ci-contre, écrite en très belle ronde, sur papier jaune, qui n'était autre que le revers de la couverture du cahier d'écriture d'un écolier :

PALAIS DE MAZAS

Programme de la Fête du 14 juillet 1883

6 heures du matin : grand réveil, par la cloche du Palais des voleurs et des vagabonds... — Balayage des chambres et des goguenaux. — Présentation des armes (le balai) du gardien au détenu. — Le détenu présentera les ordures.

6 heures 1/4 : Distribution d'eau et de boule de son (le pain) à tous les détenus.

De 6 h. 1/4 à 8 h. 1/2 : Grand duel entre chaque détenu et sa boule de son.

8 heures 1/2 : Distribution d'eau grasse surnommée le *bouillon*.

A partir de 10 heures : Promenade, sans flambeaux, ni tambours, ni trompettes (Excursion au jardin des Plantes de Mazas).

A tous les trois quarts d'heure, sortie et rentrée des détenus dans leur cage.

3 heures : — Rata. — Grand repas, se composant d'un morceau de peau des anciens tambours, supprimés en 1880 par le général Farre, et réformés par le général Billot, ancien ministre de la guerre, en 1882.

4 heures : Promenade semblable à celle de 10 heures, mais pour ceux qui n'y sont pas allés le matin.

7 heures : Repos. — Tout le monde peut étendre son hamac, se coucher et rêver qu'il est *heureux !*

Vive le 14 juillet !
Vive la République !
Vive la liberté ! Vive la France !

Quelle joie... pour les *innocents* de la 1re division !

Mais aussi quel chagrin pour les coupables de la 2e division, qui ont ramassé cinq à six *berges,* pour un *petit fric-frac,* et dont la *filoche* est à jeun.

Cette affiche prouve clairement que celui qui l'a faite n'était pas non plus le premier venu, car elle renferme plus d'esprit qu'on ne pense à première vue. Ces INNO-CENTS de la première division est une intelligente ironie, parce que c'est justement dans cette division que se trouve plus particulièrement la *noblesse,* c'est-à-dire les grands seigneurs, pour ne pas dire les grands *faiseurs,* les notaires, les banquiers, les financiers de la Bourse et d'autres lieux, des barons, des comtes, des marquis, voire même des ministres, m'a-t-on dit ; enfin, des gens à millions, des hommes d'*honneur,* accusés d'avoir plus ou moins violé les mœurs, la vertu, le droit, les lois, la probité, et qui, là, jouissent d'une petite vie de prince retiré, et reçoivent, soit de leur famille, soit de l'étranger, tout ce qu'ils peuvent désirer : cela en vertu de l'ÉGALITÉ.

J'entendis des coups de canon et des musiques qui retentissaient dans l'espace, il me semblait entendre le brouhaha du monde des rues et des boulevards, et quoique enfermé, cela ne me rendait pas fort triste.

Le temps était gris et pluvieux, et j'étais content en entendant la petite sonnette qui donnait le signal de la rentrée des cellules. En rentrant dans la mienne, j'y retrouvai sinon la gaieté, au moins la consolation, presque le confortable.

La table était toujours mise ; il me restait encore un peu à manger et pas mal à boire. Je bus un verre, je rallumai un cigare et vers huit heures, je recommençai à manger ce qui me restait, et insensiblement je vidai mon litre de *bon* vin.

Ce soir-là, j'avais une *prune*, et je crois même que la lune avait aussi son petit plumet, car elle était pleine, et il me semblait qu'elle riait, qu'elle se moquait quelque peu de moi ; et pour lui faire la nique, ainsi que pour faire mon lit, j'allumai cette fois mes quatre bougies : les deux qui me restaient de la veille et les deux nouvelles du jour. Mais ce luxe de lumière ne dura qu'environ deux heures, et à l'heure où tout Paris était en fête, en joie... de réjouissance publique, plein de satis_faction ; pendant qu'il y avait néanmoins des vertus qui mouraient de faim ; enfin, pendant cette heure des mystères de Paris, je me retrouvai tout à coup dans l'obscurité, et je revis la lune, qui semblait toujours se moquer de me voir entre quatre gros murs, étendu sur un hamac.

Le lendemain et jours suivants, je me remis à écrire et à noter tout ce qui m'était possible dans l'intérêt de mon procès et dans la vue de publier un jour toutes mes impressions de ce petit voyage — *en prison.*

Le lundi 16, j'adressai à mon avocat la nouvelle lettre suivante :

Paris (Mazas)
Lundi 16 juillet 1883.

—

« Monsieur X. Y...

« En voyant la lenteur que le parquet se plaît à mettre dans mon affaire, je crois de plus en plus qu'il s'obstinera à me trouver coupable d'*escroquerie !* — comme dit ma feuille de dépôt — quoiqu'il n'y aura aucune raison légale qui pourra le prouver, mais cela ne fera rien. S'il est déterminé à croire le contraire même de ce qui saute à l'évidence, ce sera une affaire toute réglée d'avance, s'il ne trouve l'opposition d'une parole comme la vôtre pour le convaincre du contraire de l'accusation.

« Or, maître Y..., je ne viens pas vous demander la charité, mais seulement un crédit de huit à quinze jours tout au plus, afin d'être assuré que ce sera bien vous, *vous-même*, non pas en principe, mais en réalité, qui défendrez ma cause.

« Mon acquittement, ou le renvoi de mon affaire devant le tribunal de commerce fera mon bonheur, car il y a plusieurs personnes qui m'attendent pour s'associer avec moi. Quarante-huit heures de condamnation me feraient tout perdre ; il ne me resterait que la mendicité. Tandis qu'acquitté par l'incompétence du tribunal correctionnel, ma maison s'ouvrirait de nouveau, et quelques jours me suffiraient pour pouvoir, avec plaisir, régler vos honoraires.

« Ma femme ira après-demain, 18 courant, vous demander une réponse définitive, c'est-à-dire si je pourrai en réalité compter sur *vous-même* pour défendre ma cause, qui ne peut se perdre.

« Je ne conteste pas le talent d'un autre plaideur, mais, comme on dit : c'est la foi qui sauve.

« Agréez, monsieur X. Y..., mes salutations bien sincères.

J.-A. V...

Le 23, j'adressai à mon avocat cette dernière :

Paris (Mazas)
Lundi 23 juillet 1883.

Monsieur X. Y...

« Voici enfin la feuille d'assignation portée à l'art. 405 du Code pénal. Je le répète, c'est épouvantable : *manœuvre frauduleuse... voulant persuader l'existence d'une fausse entreprise*, dit cette feuille.

« En 1881, je me suis établi marchand de bijouterie dorée ; à cet effet, j'avais eu 3,000 fr. de mon frère. Les preuves de mon commerce se trouvent dans les livres et factures d'achat et de vente de marchandises, et ce n'est qu'à partir de 1882 que j'ai commencé à prendre des employés pour faire la place de mon article de Paris. Où donc se trouve la fraude d'une fausse entreprise ? Avais-je le droit d'exiger des garanties de l'un, et faisais-je mal en demandant un *apport* à un autre comme intéressé ? Non, car je comptais que le papier timbré avait une égale valeur pour tout le monde, et que des actes d'engagement devaient être respectés.

« Maître X. Y..., voyez les dossiers de ceux qui ont quitté ma maison avant les — *imbéciles* — de plaignants d'aujourd'hui : tous ont été réglés en temps, aucun n'a eu de difficulté.

« Et si l'on ne m'avait pas arrêté le 4 mai, je le répète, ceux-ci eussent également été réglés. Les démissions venaient d'être données : pour l'un les époques de remboursement ne devaient arriver que dans un mois, et pour l'autre dans trois.

« Or, ces conditions, légalements faites, devaient être respectées, à moins que le papier timbré n'ait aucune valeur ; en pareil cas, le gouvernement de la République serait le premier escroc, et moi je ne pourrais être son complice, puisque j'ai eu foi dans son papier.

« Il y a donc eu arrestation arbitraire et illégale.

« Je vous prie donc, maître X. Y..., d'examiner toutes ces pièces, afin de prouver à la justice qu'il y a erreur et nullement l'ombre d'intention d'escroquerie.

« Agréez, monsieur, mes civilités respectueuses.

J.-A. V...

La journée du 30 ne fut pas pour moi une journée d'étude ni de travail, ni même de distraction ; je la passai à fumer, à priser, à boire, à me promener, tout en me disant : Demain, je vais comparaître devant le tribunal de la justice ! Demain je vais voir l'ennemi en face et de près ! Et en pensant à mon avocat, je comptais que j'allais avoir l'honneur et l'*avantage* d'entendre un nouveau Gambetta, un foudre de guerre, avec une voix de Stentor, rugissant comme un lion, avec la force d'un tigre et la fureur d'une hyène, lancer les flèches empoisonnées d'un serpent. Je comptais que cet homme, par son éloquence et son énergie, allait, en peu de mots, démontrer aux juges qu'il y avait dans mon arrestation non seulement erreur, mais qu'elle était arbitraire et illégale. Je comptais qu'il allait faire voir le préjudice causé à ma maison, à ma personne, à mon honneur, à ma famille. En un mot, qu'il allait démontrer, avec l'opinion publique, que la prévention est un abus d'autorité, une horreur qu'il faudrait rayer de nos lois judiciaires.

Enfin je m'attendais à voir une audience émouvante et des plus remarquables par le talent de mon avocat, l'équité de mes juges et la considération de ma cause. Ma nuit fut fébrile et mon réveil un rêve.

Le mardi 31, je passai à la huitième chambre correctionnelle, où ma cause allait être défendue par Me X. Y...

L'AUDIENCE

Beaucoup de monde, de curieux, et non moins d'accusés.

Le président, s'adressant à moi. — Vous êtes accusé d'*escroquerie* et d'avoir employé des manœuvres frauduleuses pour vous approprier le bien d'autrui. Qu'avez-vous à répondre ?

— Qu'il y a erreur, monsieur le président, non seulement dans l'accusation, mais encore dans l'arrestation et surtout dans la prévention.

Le président. — C'est ce que nous allons voir. Faites venir le plaignant.

Le plaignant. — Je m'appelle Ceraolc Norbert; je suis entré chez J.-A. V... comme comptable, avec un apport de 500 fr. Ne faisant pas d'affaires, j'ai voulu m'en aller; à cet effet j'ai demandé mon argent, il n'a pas voulu me le rendre; mes camarades et moi avons porté plainte.

Le président. — C'est bien, allez; à un autre témoin.

— Je suis venu dans la maison J.-A. V... pour faire des petites écritures, des courses, porter les caisses de bijouterie dorée chez des commissionnaires en marchandises et vendre au détail quand je pouvais.

Le président. — Avez-vous déposé une garantie?

— Oui, un titre de chemin de fer; on m'a donné un bon pour le retirer.

Le président. — C'est bien, allez; à un autre témoin.

— Je suis entré chez J.-A. V... comme *intéressé*, avec un apport de 600 fr.; le commerce ne marchait pas.

Le président. — Vous a-t-il rendu votre argent?

— Il n'a pu me le rendre, puisqu'il a été arrêté.

Le président. — C'est bien, allez; à un autre témoin.

M. D..., ancien adjudant d'artillerie retraité, officier de la Légion d'honneur. — J'étais chez l'accusé pour écritures.

Le président. — Et l'accusé vous a-t-il demandé une garantie?

— C'était son droit; j'y ai déposé un titre de chemin de fer.

— Vous l'a-t-il rendu?

— Quand il a été arrêté il ne devait pas me le rendre,

le temps prescrit n'était pas arrivé ; néanmoins, depuis, j'ai reçu un bon pour le retirer.

— C'est bien ; voyons l'expert.

— J'ai vérifié les livres de la maison J.-A. V... ; sur cinq j'en ai trouvé un assez bien tenu. De 1881 à 1883, j'ai trouvé un bilan de 21,000 fr., dont 17,000 à l'actif et 4,000 au passif, c'est-à-dire qu'il s'est fait 17,000 fr. d'affaires en 1882, et que je n'ai pas bien découvert le règlement de 4,000 fr. dans lesquels se trouvent 500 fr. du plaignant Ceraolc.

— C'est bien ; allez ; à un autre témoin.

— Il fait défaut.

— C'est bien ; à un autre témoin.

— Il fait défaut.

— A un autre.

— Il fait défaut.

— C'est bien ; la parole est au ministère public. (Qui fait signe qu'il n'a rien à dire.)

— La parole est à la défense.

Mᵉ X. Y..., s'adressant aux juges du tribunal. — Messieurs, il n'est pas admissible qu'une maison de commerce qui a fait en 1882 pour 17,000 fr. d'affaires (c'est le rapport de l'expert), il n'est pas admissible, dis-je, que cette maison ait tout à coup, en 1883, cessé d'être une maison de commerce. Une maison qui fait même banqueroute ne cesse pas pour cela d'être une maison de commerce. Et quant à la conduite du prévenu, elle est incontestablement honorable. Il a fait autrefois partie de la célèbre société des Quarante-Chanteurs montagnards pyrénéens, dont vous avez entendu parler.

Il parait qu'il a une très jolie voix, je demande l'indulgence du tribunal.

Tout était dit... Il ne parla pas du tout du *contrat* que même il n'avait pas devant lui.

Cette plaidoirie aussi simple que curieuse, était, on peut le dire, flanquée à la vas-t'-faire-f... (le public n'applaudit pas). Les avocats et les magistrats connaissent le droit ; s'ils ne le connaissaient pas, ils ne seraient pas avocats ou magistrats. Mais ont-ils l'expérience des malheurs ? ont-ils été ouvriers ou commerçants ? ont-ils jamais failli ? ont-ils été mis en prison, ces messieurs ? non, ils ne peuvent donc pas apprécier les fatalités, juger des souffrances, des désolations, du déshonneur, suite parfois d'une simple injure ou d'une infâme calomnie, il faut avoir passé par toutes ces épreuves pour pouvoir les apprécier.

Le président se tourne à droite et à gauche en regardant les juges assesseurs qui lui rendent à peine la même politesse, et aussitôt prononce les traditionnelles et sacramentelles paroles :

« La cause est entendue.

« Attendu que..... » etc., et m'applique aussitôt l'article 405 du Code pénal ainsi conçu :

« Quiconque, soit en faisant usage de faux noms ou de fausses qualités, soit en employant des manœuvres frauduleuses pour persuader l'existence de fausses entreprises, d'un pouvoir ou d'un crédit imaginaire ou pour faire naître l'espérance ou la crainte d'un succès, d'un accident ou de tout autre évènement chimérique, se sera fait remettre ou délivrer des fonds, des meubles ou des obligations, dispositions, billets, promesses, quittances ou décharges, et aura par un de ces moyens, escroqué ou tenté d'escroquer la totalité ou partie de la fortune d'autrui, sera puni d'un emprisonnement d'un an au moins et de cinq ans au plus, et d'une amende de cinquante francs au moins et de trois mille francs au plus.

« Mais en raison de ses bons *antécédents*, le Tribunal condamne le prévenu à huit mois de prison et cinquante francs d'amende. »

Enlevez l'bœuf, à qui l'tour ?

C'est renversant, la machine *Singer* ne marche pas plus vite. La cause est entendue ! l'auditoire n'y a rien compris du tout, si ce n'est *huit mois* de *prison*..., c'est épouvantable !

Le Tribunal, en raison de *mes bons antécédents*, ne me condamne qu'à *huit mois* de *prison*. Crac, l'affaire était faite, et de nouveau en route pour Mazas.

En raison de — *mes bons antécédents* — le tribunal me condamne à — HUIT *mois de prison* — pardon, QU'A *huit mois*, pour un fait que j'aurais — *peut-être* — pu commettre dans trois mois : comment la trouve-t-on celle-là ? c'est-à-dire que si j'avais eu commis le fait malgré mes — *bons antécédents* — j'en aurais peut-être eu pour — *huit ans*. — Ah ! quel malheur de n'être pas un véritable *escroc*, un Directeur de haute banque, un grand financier, un chef de quelque grande administration... Alors, on aurait bien attendu que le fait fut accompli, mais pour un simple citoyen, quoique plein de — *bons antécédents* — il n'y a pas tant d'égards à prendre : il est capable de le faire, donc il l'a fait : si cela est juste, ce n'est en tout cas pas moral du tout, c'est le cas de dire : que les loups ne se mangent pas entre eux que quand ils sont — *crevés*.

Mes plaignants étaient contents, mais peut-être pas satisfaits ; ils auraient sans doute ou ils avaient espéré m'entendre condamner à quatre ou cinq ans de travaux forcés.

La justice, selon eux, n'avait sans doute pas bien jugé à leur goût, et il se pouvait aussi que plus d'un d'entre eux se disait: en somme, au diable, je me fiche pas mal que l'patron soit en prison; avec tout ça, nous sommes quittes de nos sous et de notre place, si c'était à r'faire nous n'écouterions plus le beau Breton.

Moi, de mon côté, je n'étais pas heureux du résultat de ce procès.

Enfin, j'étais condamné, c'était affreux, c'était absurde, mais que faire? que dire? Quand la justice a parlé, il ne reste plus qu'à se taire et à s'incliner, dit-on. Mais, comme je n'étais pas homme à m'incliner, ni à me taire, même dans cette horrible circonstance, je n'attendais que le moment de pouvoir protester; — pas à l'audience, bien entendu, car là, j'eus par bonheur la présence d'esprit de garder le silence ou plutôt j'étais tellement foudroyé de ce jugement et de cette condamnation, que le saisissement m'ôtait la faculté de la parole. *Huit mois de prison!* pour un fait que je n'avais pas commis. *Mais!* que j'aurais *peut-être* bien pu commettre dans trois mois.

Jamais on n'avait entendu un tel jugement. A ce compte-là, en tout temps, on pourrait très bien saisir le premier Ministre venu, l'accuser coupable de préméditer d'étrangler le Président de la République et la République elle-même par dessus le marché.

Ce ministre aura beau protester de son innocence et de ses bonnes intentions: ta-ra-ta-ta, vous ne l'avez pas encore fait, c'est vrai, mais vous êtes bien capable de le faire un jour ou l'autre; donc, c'est comme si vous l'aviez fait. Et comme tel, on vous condamne à mort.

Ou bien encore, voir, une femme mariée, parfaitement honnête, à qui l'on dirait « Vous êtes accusée de tromper votre mari, le fait n'est pas précisément prouvé, mais à voir vos yeux agaçants et votre petit nez séduisant, on peut être certain que vous êtes bien capable de le faire, donc vous l'avez fait. En conséquence la cause est entendue et en route pour Saint-Lazare. Vous y apprendrez à — *devenir* — ce que vous — n'êtes pas.

Certes, il y a des exceptions, si par exemple c'était une — *dame* — qui se payerait un petit *caprice* avec un sous-préfet quelconque des environs de Paris, Alors cette — *dame* — serait bien condamnée à trois mois de prison, mais on ne l'arrêterait pas. Et peu de jours après, sa condamnation à la prison, tournerait en une amende de 1200 francs que le mari — *battu* — pourrait payer. — (*Les droits du mari* (1).

Comme on pourrait tout aussi bien dire à un Président d'une cour d'assises quelconque : vous êtes un vieux farceur, toujours plus amoureux que malade, sans doute que dans quelques jours vous allez violer la petite fillette à Jean-Pierre, vous ne l'avez pas encore fait, c'est vrai, mais vous en êtes bien capable, car vous l'avez déjà regardée. Allons, allons, vous êtes un vieux coureur, en route. La cause est entendue, huit ans de prison.

Ce raisonnement ne serait-il pas ce qu'il y aurait de plus épouvantable. C'était pourtant le cas de ma situation.

Enfin, reconduit dans ce cachot noir et infect pour y attendre l'ordre de remonter en voiture, je priai le gardien de vouloir bien avoir *l'obligeance* et *la bonté* de m'envoyer le cantinier qui, fort heureusement pour moi

---

(1) Voir le journal « *Le Petit Parisien* » n° 2708, portant la date du jeudi 27 mars 1884.

(dans l'intérêt de son petit commerce); ne tarda pas d'arriver avec son panier de vin, etc.; je lui en demandai encore pour quatre sous, et ce verre de vin me rendit comme fou.

Peu après, pour remonter en voiture (toujours cellulaire bien entendu), on fit l'appel des condamnés pour les ramener à Mazas. En route je n'entendais que cette conversation : Nib-de-Braise, combien q't'as ? i'fait-soif. — Mouche-à-Bœuf, qu'est-qu't'as grinché ? — J'ai pas grinché. — Qu'as-tu morfilé ? — J'ai chouriné. — Y avait-il du résiné par terre ? — Non. — Combien qu't'as ? — Six berges.

Voilà le langage que l'on apprend dans cette voiture.

Enfin, revenu à Mazas, dans ce Palais du malheur..., il était environ trois heures, tout le monde était étonné de me revoir : en disant *tout le monde*, j'entends le greffe, mes gardiens, ceux de ma division, enfin — ceux qui me connaissaient.

On m'entourait, on m'interrogeait et je répondais *huit mois !* C'est affreux. Et je dois l'avouer, les surprises sympathiques me firent verser des larmes, des larmes de *colère*. Je n'étais certes pas ivre, mais fou de rage...

On me reconduisit dans ma cellule, j'y traitai mes juges de *royalistes, bonapartistes, opportunistes, gambettistes, ferrystes, vieilles sardines empaillées*. Mon avocat, calotin *farceur*, tribun *au biberon*, que sais-je tout ce que je ne criai pas. J'étais instantanément devenu Victorien (pas Sardou), Victorien bonapartiste insolent. Mais non, car il paraît même que je me suis laissé aller jusqu'à crier : *Vive la commune !* J'étais donc véritablement fou, heureusement que je ne proférais ces petites aménités que dans ma cellule.

Enfin, mon gardien (le bon Cazanova) et le brigadier

vinrent, par de bonnes paroles, me prier, me conseiller d'être calme. On aurait pu me mettre dans une cellule de punition, on n'en fit rien, au contraire, on me prit en considération et on me fit aller deux fois en promenade.

Mais, plus je voyais l'air, le ciel, plus je me sentais prisonnier, *huit mois* de condamnation, quand déjà j'en avais passé trois en prévention, sans avoir rien fait.

Oh ! que ce doit être effrayant... pour l'homme innocent que l'on condamne à des années, moi qui n'avais que *huit mois*, je trouvais que c'était épouvantable.

Enfin, la nuit vint, j'étais brisé, abattu, je croyais me reposer, mais j'étais tellement énervé... que je ne pus un instant rester sur mon hamac. Je me levais, je buvais de l'eau, je me recouchais et je me relevais encore, et cet état dura jusqu'au matin.

Au réveil, mon gardien Gazanova me trouva couché, j'étais malade, brisé, désespéré, il ne me força pas de me lever ; au contraire, il me dit d'une manière consolante : restez, reposez-vous.

Depuis la veille au matin, je n'avais rien mangé et je n'avais pas encore faim ; cependant, quand à huit heures vint la soupe, je la dévorai avec une avidité incroyable. Oh ! que cette soupe me semblait bonne, quoique bien maigre, j'en eusse voulu trois fois autant. Vers midi, j'étais un peu calmé, je me reposai toute la journée et le lendemain matin j'écrivis la lettre suivante, dont voici la formule, pour interjeter appel d'un jugement.

A Monsieur le Procureur de la République.

« Monsieur le Procureur,

« Le soussigné V... a l'honneur de vous informer

qu'il interjette appel du jugement rendu contre lui, le 31 juillet 1883, par la 8e chambre correctionnelle qui l'a condamné à huit mois de prison pour escroquerie.

« Il a l'honneur d'être, Monsieur le Procureur, votre très humble serviteur. »

J.-A. V...

Mazas, 2 août 1883.

Après l'envoi de cette lettre, je repris courage. Et le même jour, jeudi 2 août, dans l'après-midi, ma femme vint me voir, elle pleurait, je lui dis : j'ai interjeté appel, alors, elle craignait que ce fût une mauvaise idée, je l'envoyai se promener en lui disant : Ah ! cette fois, je ne vous écouterai plus, je veux faire à ma tête, vous ne me ferez plus peur en me disant que les magistrats sont de jeunes républicains..... presque socialistes, presque communards, et qu'ils vont m'écraser, etc., etc. ; je ne vous écoute plus, je plaiderai moi-même ma cause, et les Magistrats de la cour d'appel daigneront bien m'entendre et m'acquitter.

Ma femme, douée d'une belle dose d'incrédulité, peu courageuse et encore moins encourageante, n'était nullement satisfaite de ma décision, mais cela m'était indifférent, l'homme doit avoir la force de caractère qui convient à sa nature comme à sa dignité.

Etant innocemment condamné, il peut, il *doit* protester..... il ne faut pas qu'il soit dit (comme on dit vulgairement): Il n'y a rien de plus injuste que la justice, et qu'*il n'y a pas d'erreur*, il ne faut pas non plus qu'il soit dit: Qu'un homme qui n'a pas d'or n'est qu'un *misérable*, et que pour celui-ci, il n'y a ni droit ni loi.

La loi et le droit doivent exister *pour tous*. Et comptant sur l'équité de la justice, je me disais : Je dois être acquitté et mis en liberté.

Avec cette confiance, et attendant le jour qui devait me mener devant cette nouvelle cour, je repris le calme le sang-froid et le courage d'un homme qui n'a rien à craindre, et qui doit prendre une résolution déterminée dans son malheur, et même une ferme décision d'en tirer plutôt profit que de se laisser aller à la désolation

Or, dès ce jour, je me remis à travailler comme *un nègre,* je demandai des nouveaux livres, encore du papier, beaucoup de papier, j'étudiais et j'écrivais jour et nuit, je composais de la musique, je notais tout ce qui me semblait digne de remarque et d'attention dans la vie d'une prison, et avec l'idée de publier un jour ou plutôt de donner un démenti sur ce que souvent l'on en dit de mal.

Heureusement qu'à force de courage et de volonté j'avais (pendant ma prévention) transformé, comme j'ai déja dit, ma cellule en un véritable petit logement artistique d'étudiant en droit et de haute philosophie.....

———

Le vendredi 3, j'adressais à M. le bâtonnier des avocats la lettre suivante :

Paris (Mazas)
Vendredi 3 août 1883.

—

    « Monsieur le bâtonnier,

« Ayant eu le malheur d'être condamné le 31 juillet dernier par la 8e chambre correctionnelle, j'ai interjeté appel de ce jugement le 2 août du courant, espérant à force de pétitions passer devant cette cour avant les vacances. Je n'ose me permettre de demander de nouveau Maître X. Y..., qui déjà a eu l'extrême bonté de plaider ma cause à crédit, et que je craindrais ne pouvoir régler si je n'arrivais pas à être acquitté par une *vraie* justice.

C'est pourquoi je viens vous prier, Monsieur le bâtonnier, de vouloir bien m'accorder une considération en m'envoyant comme avocat *d'office* pour me défendre en droit à la cour d'appel Me Laperche, de la rue des Dames, aux Batignolles.

« Des questions secondaires seront plaidées par moi. Mais, comme il s'agit tout particulièrement d'une question de droit, il me faut un avocat qui connaisse son droit. A savoir, si oui ou non, un contrat commercial fait sur papier timbré, lequel papier a été vendu par le gouvernement de la République française, à Paris, a, oui ou non, la même valeur pour tous les citoyens de cette *sainte République !*

« En attendant, veuillez agréer, Monsieur le bâtonnier, mes salutions les plus respectueuses.

J.-A. V...

———

Le samedi 4, j'adressais à M. le substitut du procureur de la République de la 8e chambre correctionnelle la lettre suivante :

Paris (Mazas)
Samedi 4 août 1883.

« Monsieur le substitut,

« Vous me pardonnerez d'avoir tardé à vous adresser

5

l'expression sincère de ma pensée pour la charité religieuse et humanitaire dont vous avez bien voulu me gratifier à l'audience du 31 juillet qui m'a condamné à *huit mois* de prison pour soi-disant *escroquerie*.

« Votre mission dit-on est d'*écraser* un accusé, vous n'en avez rien fait. Merci monsieur, merci. Vous n'en auriez été ni plus riche ni plus noble. Votre silence m'a prouvé ainsi qu'à mes juges que vous ne m'avez pas trouvé aussi coupable que l'on veut bien le dire. Vous avez sans doute pris le temps et la peine d'examiner mon dossier. Messieurs les juges de la 8e chambre ne se donnent cette peine que pour les causes célèbres. Mais pour moi, ma cause, toute simple qu'elle est, vaut une cause retentissante.

« Je ne suis pas coupable d'*escroquerie*. Une maison qui a fait, ainsi que l'a prouvé l'expert, pour 17,000 francs d'affaires dans l'anné 1882, n'a pas tout-à-coup (comme l'a très judicieusement fait observer Me X. Y...) cessé d'être une maison de commerce pour devenir instantanément une boutique d'*escroc*. J'ai eu confiance dans le papier timbré, j'ai compté qu'un engagement et qu'une signature devaient être respectés. Il n'en a rien été de la part de mon employé *intéressé*, ni de mes juges. Mais j'ai foi dans le tribunal de la cour d'appel ; là, on aura peut-être le temps de mieux juger, pourvu que la fatalité ne me donne pas un juge ministère public qui m'accable pour le plaisir d'être éloquent, sans pitié pour le malheur d'une famille honorable. Je reviens à vous, Monsieur, on parle de Magistrats républicains, s'ils étaient tous humains et charitables comme vous, l'univers entier aimerait la République, déesse d'égalité, de morale et de civilisation. Ce sont les vertus dont votre silence a fait preuve à mon égard. Merci, Monsieur, encore une fois merci.

« Ah ! vous devez avoir le cœur à l'aise quand vous pouvez faire un peu de bien dans la *vraie* justice.

« Agréez, Monsieur le Magistrat, l'expression très humble des sentiments les plus distingués de votre très reconnaissant serviteur. »   J.-A. V...

———

Le dimanche 5, j'adressais à M. D..., mon ancien employé, la lettre suivante :

Paris (Mazas)
Dimanche 5 août 1883.

———

« Monsieur D...,

« La déposition loyale que votre cœur vous a dictée à mon égard à l'audience de la 8e chambre correctionnelle, le 31 juillet dernier, où j'ai été jugé avec *bons antécédents*, vous l'avez entendu, me permet de vous adresser ces quelques lignes, pour vous en remercier.

« Vous au moins avez senti que, devant la justice, vous deviez dire la vérité, rien que la vérité.

« En entrant dans la salle d'audience avec le *beau* Geraolc et consorts, vous avez consenti (pour leur être agréable sans doute), à me narguer quelque peu, c'est une faiblesse excusable de la part d'un homme, qui se trouve en société de gens vicieux.

« Mais à la barre, devant les juges, vous avez senti que me calomnier..... n'appartenait pas à un officier de la Légion d'honneur, vous avez prouvé, que dans le fond de votre conscience, vous reconnaissiez parfaitement que je n'étais pas un *escroc*.

« Vous m'avez vu chez moi, sans fard, toujours au travail, cherchant honnêtement à nouer les deux bouts.

« La fatalité m'a donné le misérable Ceraolc, je dis la fatalité, car c'est lui, lui *seul* qui a causé tout mon malheur. Mais ce n'était pas de lui que je voulais vous parler, c'était de vous, Monsieur, pour vous remercier d'avoir agi d'après votre conscience.

« Croyez à ma parfaite reconnaissance.

« J.-A. V... »

———

Le lundi 6 et jours suivants, je continuai à enjoliver ma cellule par un autre genre de fantaisie.

Je découpai de grandes étiquettes blanches à festons, et avec le bout du bois de mon porte-plume, taillé à plat, en guise d'extra grosse plume à la ronde, je marquai sur l'une en gros caractères imprimés :

SALLE D'ATTENTE

Je collai cette étiquette sur le mur de droite, en entrant, à la hauteur d'un mètre cinquante un peu plus loin, au même mur, j'en collai une 2ᵐᵉ avec ces mots gigantesques :

SALON DE RÉCEPTION

et dans le coin du fond, une 3ᵐᵉ disant :

BOUDOIR DE TOUTES SAISONS

puis, au milieu du mur du fond, sous la fenêtre faisant face à la porte, une 4ᵐᵉ portant cette inscription alléchante :

SALLE A MANGER

et au mur du coin coupé de gauche, une 5ᵐᵉ avec ce seul mot :

COUR

puis à côté de celle-ci, au mur de gauche, derrière le bas

de la table, une 6ᵐᵉ avec ce mot non moins important :

CAVE

puis au-dessus de ma table, une 7ᵐᵉ portant l'indication suivante :

CABINET DE LECTURE
DE TRAVAIL ET D'AFFAIRES
PARTICULIÈRES

puis, de l'autre côté de la table, au-dessus des crochets et chaînes en fer qui tiennent dans le mur et qui servent à attacher le hamac, une 8ᵐᵉ avec ces mots bien doux :

CHAMBRE A COUCHER

puis, à côté de la tablette sur laquelle on pose le matelas, une 9ᵐᵉ portant ces mots facétieux :

CABINET DE TOILETTE

puis, sous une tablette où l'on place le bidon à eau, une 10ᵐᵉ avec ce mot de campagne ;

HANGAR

puis, au-dessus du siège d'aisances, une 11ᵉ portant ces mots à double entente :

FAUTEUIL D'ORCHESTRE

Je découpai même une fort jolie main blanche dont l'index indiquait la place de ce fauteuil d'*orchestre*. Puis enfin au petit bord de mur de l'entrée de la porte, une 12ᵐᵉ affiche plus grande avec ces mots philosophiques :

ON REÇOIT SANS DISTINCTION
TOUS LES JOURS
DE 8 HEURES DU MATIN
A 6 HEURES DU SOIR
ENTRÉE LIBRE

De cette façon, j'avais dans ma cellule tout un appartement, que dis-je? presque toute une maison, il n'y manquait que le grenier. Ah! s'il y en avait eu un, j'aurais peut-être bien essayé d'y passer pour prendre la clef des champs, mais impossible, et puisqu'il me fallait rester là enfermé, je cherchais, par tous les moyens, à rendre ma demeure moins triste.

Les briques de mon parterre étaient toujours bien lavées, mais l'ambition me poussa plus loin, je demandai et obtins de mon gardien la permission de ramasser les papiers de couleur que les travailleurs aux cahiers d'écoliers jetaient comme ordures, j'obtins aussi deux grandes feuilles de fort papier d'emballage, et une grande portion de colle.

Je découpai mes papiers de couleur, il y en avait du blanc, du noir, du jaune, du rouge, du bleu, du rose, du vert, du lilas, etc.; je les découpai en petits carrés, et je les collai bien symétriquement avec les couleurs variées sur le gros papier d'emballage, je mis une bordure de papier vert frisé, large de trois doigts tout autour, ce qui me faisait deux fort jolis tapis (genre arlequin), l'un que je plaçai devant ma porte, et l'autre sous ma table.

En un mot, j'étais parvenu à faire de ma cellule une petite demeure tellement riante et coquette que jamais l'on n'en avait vu de pareille et l'on en parlait dans toute la prison.

Je fis dans cette cellule quatre mois de prévention.

J'avais accepté de la prison une chemise que je mettais pour coucher, et que je changeais chaque samedi, mais, comme il n'y avait pas de boutons à ces chemises, j'avais trouvé moyen d'en mettre, voici comment j'avais demandé à ma femme trois grands *jolis* boutons à trou, je cousais ces dits boutons aux manches et au col de cette chemise, et le samedi matin, quand on venait m'en donner une autre, je coupais les boutons de la chemise sale, et je les cousais à la propre.

Ils y restaient jusqu'au samedi suivant où je faisais la même opération, et de cette façon, j'avais toujours des boutons, des *beaux* boutons à ma chemise de prison.

On pourra peut-être m'objecter que tout le monde n'a pas une femme qui peut apporter des boutons, à cela, je pourrais répondre que celui *qui veut* chercher finit toujours un jour par trouver.

Or, deux ou trois boutons se trouvent bien, il ne s'agit que de dire : je voudrais des boutons, je les coudrais à ma chemise et je n'aurais pas l'air d'un *débraillé*. Le tout est de s'arranger, et de vouloir s'occuper au lieu de rester les bras croisés à rêver tout éveillé.

Tous les détails que je donne sembleront peut-être puérils au premier abord, mais si l'on songe à la grande place qu'ils tiennent dans la vie d'un prisonnier, on se rendra facilement compte de leur importance.

———

Le samedi 8, je recevais la lettre suivante :

Monsieur,

« Sur la demande que vous avez adressée à M. le Bâtonnier, j'ai été désigné afin de plaider pour vous.

« J'irai vous voir très prochainement afin de conférer avec vous de votre affaire.

« Toutefois, dès que vous recevrez votre assignation, je vous prie de me l'adresser de suite, afin que je puisse faire le nécessaire dans votre intérêt. »

Je vous salue, ED. GOUJON.
avocat, 19, rue Godot-de-Mauroi.

Le mardi 21, je recevais la lettre suivante :

Monsieur,

« Je pars en vacances pour quelque temps. Pendant mon absence, j'ai confié le dossier de votre affaire à mon confrère Mᵉ Levasseur, 7, rue du Pont-Neuf.

« Si donc vous auriez besoin de lui, veuillez lui écrire de suite.

Je vous salue,
Ed. Goujon.
avocat, 19, rue Godot-de-Mauroi.

Malgré toutes mes infortunes, mes peines, mes revers, mes fatalités et mes malheurs, jamais, ainsi que je l'ai démontré, je ne perdis courage. J'eus même celui d'aller chaque dimanche chanter au lutrin de la chapelle ce qui tout à la fois m'était une distraction. Et il est même fort probable que c'est à cause de mon chant que l'on m'accorda quelques petites faveurs, celle par exemple d'avoir du bouillon *extra*, du bouillon de l'infirmerie, du *vrai* bouillon (pas de onze heures), du bouillon de viande, et à huit heures du matin s. v. p., avant d'aller chanter à la messe, sans doute pour me donner du — *galoubet*.

C'est ainsi que je me permis d'adresser à M. le directeur de la prison, la lettre suivante :

Paris (Mazas)
Samedi 25 août 1883.

Monsieur le Directeur,

« Vous me pardonnerez d'avoir négligé de vous remercier des ordres que vous avez bien voulu donner en ma faveur pour obtenir les *dimanches et fêtes*, c'est-à-dire les jours de chant, le bouillon de l'infirmerie.

« Je crois cependant devoir vous informer qu'il ne m'a été donné qu'une seule fois. Le mercredi 15 août, jour et fête de l'Assomption. Dimanche dernier, je n'ai pu l'obtenir, même en le demandant à mon surveillant qui a transmis ma demande au sous-brigadier, lequel l'a transmise à d'autres, et pendant toutes ces transmissions administratives, l'heure de quitter mon *salon* est arrivée sans avoir bu ledit bouillon, et après la messe, on n'en a plus entendu parler.

« Agréez, Monsieur le Directeur, mes civilités les plus respectueuses et peut-être un peu *comiques*..... mais je ne peux pas toujours pleurer, je pourrais en devenir laid. »

J.-A. V...

J'ai déjà dit, et le lecteur a pu s'en convaincre, que je ne perdais pas un instant de temps. Pour m'occuper, je lisais, j'étudiais, j'écrivais, je chantais et je composais de la musique. C'est ainsi que je fis quelques romances sur des paroles que je trouvai dans des livres qui appartiennent au domaine public, et ces romances que je me propose d'éditer, ne seront peut-être pas les plus mauvaises ni les plus vilaines qui se chanteront dans les grands et beaux concerts, comme dans les *Beuglants*, peut-être bien dans les rues.

J'ai composé aussi quatre morceaux religieux que les couvents et les églises trouveront sans doute plaisir à faire exécuter dans leur sainte chapelle.

Mon dernier morceau surtout : un *Tantum Ergo*, solo choral et chœur à quatre voix, sera un succès certain dans toutes les maisons religieuses comme dans les cathédrales et les églises de toute la chrétienneté.

Ce morceau, je le soumis à l'opinion de M. le Directeur de la prison, en y ajoutant la lettre suivante :

Paris (Mazas)
Mardi 28 août 1883.

———

Monsieur le Directeur,

« Voici ce que je dois encore à ma prison.

Si, pour juger ce petit travail, vous avez un moment de loisir, j'en serais bien heureux.

« Introduction solo en *ut* mineur, chœur en *ut* majeur et final (marche) en *fa* naturel.

« Voyez comme l'une des parties donne bien la note à celle qui pose.

« Je me propose d'apprendre ce morceau aux chantres de la chapelle.

« Je n'ai pas encore reçu mon assignation de la Cour d'appel. Et la question du bouillon est toujours incertaine pour

Votre tout dévoué et très respectueux
serviteur-pensionnaire,

J.-A. V...
(4e division, n° 38).

« *P. S.* — J'attends du papier à musique pour remettre ce travail au propre et arranger l'accompagnement d'orgue.

« Ceci est le manuscrit, veuillez me le renvoyer, s.v.p. »

Je demandai à M. le directeur de vouloir me faire rapporter mon manuscrit de musique, et, soit par politesse ou par politique, ce perspicace et prudent chef d'administration, me fit appeler devant lui dans son cabinet. Et, en sa qualité d'ancien maître de chapelle, me fit l'honneur de me complimenter sur ma voix, sur mon chant de la chapelle et enfin sur ma dernière composition musicale ; il eut même la bonté d'ajouter : Si vous avez le malheur d'être confirmé à la Cour d'appel, je ferai tout ce qui dépendra de moi pour vous faire revenir à Mazas ; car, si vous n'êtes pas acquitté, vous ne pourrez plus revenir ici, vous irez terminer votre peine à la prison de la *Santé*.

Cependant si l'on allait la diminuer, alors, il serait inutile ou plutôt il ne vaudrait plus la peine de faire des démarches.

Allez, et conservez votre courage, j'ai bon espoir pour vous.

Voici votre morceau de musique, et je vous en fais mes sincères compliments.

———

Le lundi 3 septembre, je recevais la visite de Mᵉ Levasseur, avocat à la Cour d'appel.

Cet avocat m'était envoyé de la part de M. le bâtonnier du Barreau, qui m'avait fait la gracieuseté, selon mon désir, de me choisir un avocat brun, énergique et capable de me défendre en droit.

J'étais fort heureux de cette visite, car cet avocat, quoique jeune, me semblait très avancé, très expérimenté. Il m'avoua franchement que maintenant l'affaire était plus difficile qu'en première instance, car s'il avait cu à plaider cette cause à la chambre correctionnelle, il l'eût certainement gagnée haut la main, disait-il.

Bref, il ne désespérait pourtant pas d'y trouver au moins un accommodement. « Je prendrai votre cause à cœur, me dit-il, et sitôt que vous aurez reçu votre nouvelle assignation, vous ne tarderez pas d'un instant à me l'envoyer.

Le vendredi suivant 7, je recevais cette nouvelle assignation pour comparaître « le mardi 11 septembre, à onze heures du matin, » devant cette nouvelle Cour. Je fis immédiatement parvenir cette pièce à ce nouvel avocat et, dès ce jour, je ne mangeai plus ni ne dormis plus, je ne fis plus rien du tout. Ce ne fut pas la peur, mais l'anxiété qui troubla et tourmenta mon sommeil et mon esprit. Je répétais toujours cette pensée de Guicciardini :

> « Il est difficile que ce qui s'affirme avec le plus
> « de vérité soit parfaitement compris, dans son
> « véritable sens, par ceux qui sont déterminés à
> « croire le contraire. »

Enfin, le mardi 11, quand le gardien *Cazanova* vint, comme d'habitude, ouvrir ma porte pour s'assurer du réveil, il me trouva levé, habillé, mon lit remis en place, ma cellule nettoyée et mon paquet préparé, en un mot, prêt à partir. Car après un jugement d'appel, le condamné, acquitté ou confirmé, ne revient plus à Mazas. — « Ah ! me dit-il, bonjour ; vous voilà déjà préparé ; vous n'êtes cependant pas inscrit sur le tableau des appels d'aujourd'hui. — Oh ! lui dis-je, moi, je sais fort bien que c'est pour aujourd'hui, mardi 11, à onze heures du matin, et je vous prie de faire savoir au greffe que je suis persuadé de ce que je dis.

On m'apporta encore mon pain, cela m'en faisait deux et demi, je n'y touchai pas. A huit heures, vint la soupe, que je bus comme beaume à mon agitation.

Puis, on vint me dire : « Allons, puisque vous êtes certain de votre affaire, disposez-vous à partir, quoique le greffe n'ait pas reçu d'ordre du Palais. Probablement que vous y aurez été oublié. Mais puisque vous êtes certain de ce que vous dites, on veut bien vous laisser aller ; tant pis pour vous, si vous vous êtes trompé. Mais avant de partir ouvrez votre paquet, je dois le visiter. N'avez-vous ni couteau, ni ciseaux dans vos poches ? » J'ai, lui répondis-je, le petit couteau que j'ai acheté ici quinze centimes, que vous connaissez et qui m'appartient. — « C'est bien vrai, me dit-il, mais je ne puis vous le laisser emporter. Si vous voulez, je pourrai vous l'envoyer à la Conciergerie, mais je ne puis le laisser sur vous. »

Pendant ce temps, j'avais ouvert le paquet, dans lequel se trouvait mon linge, mes papiers d'écriture et de musique, plumes, encre, brosses, une petite bouteille, dans laquelle on m'apportait mon café. — « Ah ! cette bouteille, me dit-il, vous devez aussi la laisser ici. » — Comment ? lui dis-je. — « Oui, me dit-il, tout ce qui concerne batterie de cuisine ne peut sortir de la maison ; cette petite assiette non plus. Que votre famille vienne réclamer ces objets, on les lui remettra. »

Je fus donc obligé de laisser la jolie bouteille et la petite assiette, pot au beurre, etc.

Il fouilla mes poches et me tâta partout, excepté entre mes *cuisses*, bien entendu. Ah ! s'il avait pu deviner où j'avais caché mes petits ciseaux, certes qu'il ne me les aurait pas laissés. Mais qui diable aurait pu s'imaginer que des ciseaux fussent cachés juste dans la longueur et contre le —*revolver*— d'un homme ? Il aurait fallu que ce gardien fût bien *immoral*..., pour venir me tâter jusque-là. Et certes, M. Cazanova n'était pas homme à cela ; il était très sévère dans ses paroles, à plus forte raison dans ses actions.

Enfin, tout bien fouillé, mon paquet refait, il me dit de sortir et d'aller me placer au bout de l'entrée de la division. Là, le brigadier me plaça, (toujours comme par faveur), dans une cellule appelée : Parloir des avocats. Je lui demandai un verre de vin, et de suite il eut l'obligeance d'envoyer chercher un quart de litre de quatre sous que je bus d'un seul trait.

A dix heures, il vint me dire : Prenez votre paquet et allez monter en voiture ; je vous souhaite bonne chance, c'est-à-dire votre liberté. — Merci, vous êtes bien aimable, lui dis-je ; mais si le malheur voulait que je fusse confirmé, je compte, ou plutôt j'espère revenir ici, le directeur m'a promis de faire tout son possible pour cela. — Allons, tant mieux, me dit ce vieux bon brigadier ; mais il serait à désirer que vous pussiez retourner chez vous.

Ces quelques mots paraissent peu de chose, mais sont cependant très consolants et très encourageants à entendre ; et croirait-on que je quittai cette prison presque comme on quitte une maison d'amis ; tous les gardiens qui me connaissaient me firent, de près comme de loin, un signe de bonjour des plus sympathiques.

Je montai dans cette voiture qualifiée, sans doute par antithèse, de *panier à salade*, parce que chaque prisonnier est séparé. Enfin, à dix heures et demie, nous arrivâmes à la *Conciergerie*. Là, nouvelle visite, nouvelle fouille (excepté entre les jambes, bien entendu), et mon *baluchon* y fut retenu; on me retira même ma cravate, et j'eus beau protester que je ne pouvais me présenter à l'audience sans, ce fut inutile, on ne me la rendit pas (peut-être par excès de zèle de la part de ces gardiens de la Conciergerie). Voyant cela, je pris mon mouchoir, qui était fin, blanc, et enjolivé d'une petite bordure rose vive; j'en fis une cravate et, au lieu d'être noire, ou de ne pas en avoir du tout, j'avais de suite une cravate blanche, mais par contre de cette ingénieuse compensation, je fus obligé de mettre dans ma poche, en guise de mouchoir, un essuie-mains en grosse toile grise; puis on me plaça dans une cellule portant, je crois, le n° 49 et située au premier étage.

Il se trouvait là un autre prisonnier, un ouvrier, paraissant âgé de vingt-cinq ans, campagnard, portant le costume de toile bleue de l'employé de chemin de fer. Cet homme était transféré, comme moi, d'une autre prison et devait le lendemain aussi passer en appel.

Vers onze heures et demie, on vint me chercher pour passer à la salle d'audience. Le magistrat juge d'instruction fit, de son côté, à son tour, tout son possible pour me charger; mais, en retour, le ministère public, comme son honorable confrère de la 8e chambre correctionnelle, garda le silence.

M. le Président me demanda si j'avais quelque chose à dire sur les faits qui m'étaient reprochés: je répondis oui, et je fis tous mes efforts pour convaincre mes juges que j'étais victime d'une calomnie et d'une infâme conspiration. Mon avocat, Me Levasseur, fit très énergiquement entendre l'erreur de ma condamnation et demanda de droit ma mise en liberté. A quoi mes juges délibérèrent séance tenante et ne m'acquittèrent pas, mais réduisirent ma peine de *huit mois* à QUATRE MOIS.

Ma femme, mon fils et une amie, qui étaient dans la salle, vinrent tout en larmes m'embrasser dans le corridor. Mon avocat vint les consoler en disant : « Allons, dans *six semaines* tout sera terminé. »

Le garde de Paris me remit près des gardiens de la Conciergerie, dont un me reconduisit dans ma cellule. Cette fois, je n'avais plus qu'à me résigner et m'armer d'un nouveau courage. Un moment après, on vint offrir la *Cantine*. J'achetai deux sous de pain et une chopine de vin ; j'en bus la moitié, mais je ne touchai pas au pain ; je n'avais pas encore faim, bien que depuis trois jours je n'eusse presque rien mangé.

A trois heures, on apportait la gamelle de haricots que je donnai à mon compagnon de cellule, qui les mangea avec l'appétit de son âge.

Mon homme avait du papier, des enveloppes et un crayon ; je lui demandai de quoi écrire et je fis de suite la lettre suivante à M. le directeur de Mazas.

Paris (Conciergerie)
Mardi 11 septembre 1883.

« Monsieur le Directeur,

« Comme vous l'avez désiré, et ainsi que je vous en ai témoigné mon intention, je m'empresse de vous faire connaître le résultat de l'audience de la Cour d'appel. J'ai plaidé ma cause moi-même avec une certaine éloquence mêlée d'un petit cachet d'ancien artiste lyrique, une voix pure, fraîche et vibrante, nuancée d'expression *piano, crescendo, sforzendo et forte.*

« Je suis même allé jusqu'au *presto fortissimo !* les effets en ont été assez remarquables, le succès satisfaisant.

« On ne m'a pas applaudi, parceque ce n'est pas encore

la coutume dans une salle d'audience de Justice. Mais on voyait bien que le public et les juges mêmes en avaient presque envie. Bref, si je n'ai pas eu d'ovation, j'ai toujours bénéficié de *quatre mois*.

« Je dois cependant avouer que mon avocat, Me Levasseur, qui a pris la parole après moi, a présenté une défense aussi énergique qu'il était possible, soutenant avec droit qu'un contrat était un contrat *inviolable* et que ma cause était une cause commerciale et non correctionnelle, qu'elle n'était pas même commerciale, puisque les échéances des engagements n'étaient pas arrivées lorsqu'on m'a arrêté.

« Mais les juges de la cour d'appel n'ont pas voulu sans doute, donner tout à fait tort à ceux de la 8me chambre, de première instance, et n'ont fait que réduire ma peine de huit mois à *quatre mois*, toujours l'éternelle pensée de Guicciardini. « Il est difficile que ce qui s'affirme avec le plus de vérité soit parfaitement compris, dans son véritable sens, par ceux qui sont DÉTERMINÉS à croire le contraire.

« Pour me consoler, je me suis dit : Bismark a raison : la force prime le droit et primera toujours, et en tous temps et en tous lieux, et en tout et pour tout le droit.

« Mais enfin *quatre mois*, à partir du 31 juillet dernier en cellule, cela va me libérer au 31 octobre prochain. Soit, souffrons encore jusque là. Plaider en cassation me traînerait encore Dieu sait combien de temps, et jamais je n'aurai raison. Je ne suis qu'un pauvre diable, donc je suis coupable.

« Il est définitivement *impossible* de lutter contre la force ou plutôt « il est, je le répète, difficile que ce qui s'affirme avec le plus de vérité, soit parfaitement compris dans son véritable sens, par ceux qui sont *déterminés* à croire le contraire.

« Béranger, l'illustre chansonnier a mieux défini cette pensée par ces simples mots : Allez vous y faire mordre par tous ces gros chiens-là.

« Monsieur le Directeur, faites-moi donc bien vite revenir à Mazas, s'il vous plaît.

« Votre très respectueux et dévoué serviteur,

J.-A. V....

P.-S. — Pardonnez mon écriture au crayon, j'ai hâte de vous écrire et n'ai ici ni plume ni encre.

———

Le lendemain mercredi 12, j'adressais au même Directeur la lettre suivante :

Paris (Conciergerie)
Mercredi 12 septembre 1883.

—

« Monsieur le Directeur,

« Vous me pardonnerez si hier, dans mon empressement à vous écrire, je vous ai envoyé une lettre faite au crayon. Aujourd'hui on a bien voulu me donner de l'encre et une plume pour vous adresser ma nouvelle demande.

« Faites, je vous en prie, Monsieur le Directeur, tout votre possible pour me faire retourner à Mazas.

« J'y étais habitué, et me suis attaché au lutrin de la chapelle, il me semble que le chant ne marchera pas bien sans moi (pardonnez-moi cette petite vanité).

« J'ai encore six dimanches à passer en prison, je crains d'être maltraité ailleurs, bien que je me dise : *encore six semaines de détention !* soit, souffrons encore cela et tout sera terminé (comme a dit mon avocat).

« Mes conspirateurs auront beaucoup gagné, et moi, je n'aurai peut-être pas tout perdu.

« Par leur méchanceté, ils auront définitivement perdu leur temps et leur argent, et moi, j'aurai appris à connaître ce que je n'avais jamais vu, et ferai en sorte d'en profiter.

« En attendant, faites-moi, s'il vous plaît, Monsieur le Directeur, l'honneur de me considérer et encore de me laisser chanter, car je crains d'aller dans une autre prison.

« Votre très humble serviteur, »

J.-A. V....

Le jeudi 13, j'espérais encore que l'on viendrait me dire : Vous retournez à Mazas. Mais, le lendemain vendredi, un gardien (un peu butor, celui-ci) vint me dire :

— Demain vous partez !

— Pour où ?

— Pour la prison de la *Santé*, sans doute.

Cette annonce m'attristait, mais il ne s'agissait pas de se désoler, il fallait prendre un nouveau courage. J'écrivis de suite une lettre ainsi conçue :

« Monsieur le Directeur,

« La cour d'appel vient de me condamner à quatre mois de prison. Ma peine part du 31 juillet dernier, ce qui, avec le bénéfice des cellules, doit me libérer le 31 octobre prochain. Comme je n'ai donc plus que six semaines de détention à faire, je viens solliciter de votre bonté la faveur de pouvoir conserver mes vêtements de ville.

« Agréez, monsieur le directeur, mes sincères salutations.

J.-A. V...

Conciergerie, 15 septembre 1883.

Cette lettre que j'adressais à M. le directeur d'une prison quelconque, soit même pour la *Santé*, je ne me disposais à la lui faire remettre qu'en arrivant dans cette prison (ou dans une autre).

Je passai une très mauvaise nuit, sans m'affliger. Je redoutais cependant cette nouvelle prison ; je craignais d'y être traité en vrai *misérable*... ou en bête de somme.

Enfin, le lendemain samedi 15, à sept heures du matin, on m'apportait encore le petit pain traditionnel (ou réglementaire), en me disant d'une voix rébarbative, impérieuse (ou impertinente) :

— Tenez-vous prêt à partir pour la *Santé* ; dans quelques instants, on viendra vous chercher !

Cependant, à huit heures, on m'apportait encore la soupe, que je mangeais parce qu'elle était chaude ; mais je laissais mon petit pain sur la table sans en goûter.

Un moment après, on me fit enfin sortir de cette cellule et, comme les autres prisonniers qui déménageaient, je fus placé *seul* dans une espèce de petite cage en bois à petites grilles ; puis, un instant après, on m'appela et on me conduisit dans un bureau où, encore une fois, on prit mes noms, prénoms, etc., et on me demanda à combien j'étais condamné :

— A *quatre mois.*

— C'est bon, me dit le chef de ce bureau.

— Vous croyez que c'est bon, monsieur? lui dis-je.

— Je veux dire que c'est bien, me dit-il.

Et je repris très philosophiquement :

— Ah ! vous trouvez que c'est bien ?

— Je veux dire que vous pouvez vous en aller.

— Où ? demandai-je alors.

— A la *Santé*, parbleu ! me dit-il. Et faites en sorte

de ne pas y devenir malade, ajouta-t-il d'un petit air moqueur...

Je quittai ce bureau, et un gardien me reconduisit dans la petite cage.

Une demi-heure après, on entendait crier d'une voix forte et *imposante* :

— Allons, les hommes pour la *Santé*, en voiture !

Après d'autres prisonniers, je passais à mon tour *seul* dans la cour, et montais encore une fois en voiture, toujours cellulaire, toujours dans un compartiment séparé, et de nouveau en route, cette fois pour la prison de la *Santé* !

Arrivé là, je ne sais par quel chemin, il était environ dix heures. Comme moi, tous les hommes de ce transport furent placés ensemble dans une grande salle où il fallut attendre je ne sais quoi.

Je profitai de cette halte pour donner à l'un des gardiens de cette nouvelle maison la lettre que j'avais eu soin de faire la veille pour M. le directeur de cette prison (ou d'une autre).

Un moment après, je passai à mon tour dans le bureau du greffe, où on prit encore une fois mes noms, prénoms, etc.; et alors, toujours en suivant les autres, je fus conduit dans l'intérieur de la prison, dont l'aspect à première vue me semblait fort triste ; rien d'animé, il y régnait un silence de mort ; je tressaillis de frayeur.

Cependant le brigadier en chef vint me sortir de ma stupeur, en me disant d'un petit air souriant et malicieux :

— Vous n'êtes jamais venu ici ?

— Non, monsieur, lui répondis-je un peu tristement.

— Vous y venez sans doute pour adultère ?

— Non, monsieur, lui répondis-je, un peu surpris d'étonnement.

— Ah ! je crois que si on vous avait *pincé* pour chaque adultère que vous avez commis dans votre vie, vous connaîtriez bien la maison. C'est sans doute pour cela que vous y êtes cette fois.

— Vraiment, je suis flatté du compliment que vous me faites ; à quoi voyez-vous que ?...

— Vous me faites l'effet d'un gaillard qui est plutôt la terreur des maris que moraliste en faveur de la vertu, et je suis certain que je ne me trompe pas.

On comprendra facilement que cela se disait en riant ; que l'on juge cependant de mon étonnement d'être jugé de libertin !...

Je répondis franchement :

— Brigadier, vous me faites beaucoup d'honneur, mais ce n'est pas cela qui m'amène entre vos mains.

— Non, quoi donc alors ? me demanda-t-il d'un air incrédule.

— Je viens ici pour un fait que j'aurais peut-être bien pu commettre trois mois plus tard, si on ne m'avait pas arrêté.

— Et ce fait?... me demanda-t-il.

— Est une *escroquerie*, répondis-je.

Il regarda son sous-brigadier d'un air interrogatif et, appelant un simple gardien, il dit :

— Mettez ce monsieur à la 4e division, dans la cellule n° 112.

Ah ! cette fois, ce n'était plus au rez-de-chaussée ; cette cellule se trouvait au deuxième étage, à droite, au fond de ladite division. Cette cellule était loin d'être aussi gaie que celle de Mazas ; les murs étaient noirs, sales et dégradés ; sans doute que souvent elle avait été habitée par des *misérables* prisonniers. Elle était froide et humide, les murs imprégnés d'eau ; un carreau de la fenêtre était cassé et les rats venaient s'y montrer en plein jour. Là, il n'y avait plus de hamac ; le lit en fer tenait au mur, le matelas, à gros boulots de sale et mauvaise laine, était très dur. On me donna des draps et une chemise qui étaient très propres, mais la couverture, gris foncé, était aussi remplie de puces que de poussière. Ah ! me disais-je, il est fort heureux que je n'aie plus que *six dimanches* à passer ici.

Etant un peu remis de ma première frayeur, je me mis à lire les affiches réglementaires qui se trouvaient collées aux murs, et dont voici la copie :

MAISON DE LA SANTÉ

42, rue de la Santé, 42

Règles à observer par les détenus du quartier cellulaire

Dans les cellules, dans les promenoirs, dans les parloirs, partout enfin où les détenus sont appelés à circuler ou à stationner, il est défendu de siffler, chanter, parler à haute voix, crier, chercher à établir des communications avec les autres détenus.

Il est interdit de monter aux fenêtres des cellules, ainsi qu'aux grilles et aux murs de séparation des promenoirs.

Toute dégradation ou inscription sur les murs et boiseries, sur les objets mobiliers de toute nature ou sur les livres donnés en lecture, entraînera une punition, sans préjudice d'une retenue en argent pour la réparation du dommage causé.

Le détenu doit tenir dans la plus grande propreté sa cellule, et surtout le siège de la cuvette du conduit d'aisances; il n'y jettera aucun corps étranger pouvant obstruer ce conduit, ni aucune des fournitures ou matières qui lui sont confiées par l'entrepreneur des travaux industriels, auquel il doit pouvoir rendre ou représenter les déchets de son travail.

Pour qu'une cellule soit convenablement chauffée en hiver, et ventilée en toute saison, il importe de ne jamais oublier que le mauvais air de la cellule est appelé par aspiration et extrait par le siège d'aisances, et que par suite, en été comme en hiver, la ventilation ne sera régulière qu'à la condition de poser simplement le couvercle sans boucher l'orifice, lorsque la fenêtre est fermée et au contraire de fermer hermétiquement le couvercle quand la fenêtre est ouverte; en hiver il est préférable que la fenêtre reste constamment fermée pour conserver la chaleur, et la ventilation reste suffisamment assurée par le siège d'aisances.

Tous les matins, lorsque la cloche sonne l'ouverture de la maison, le détenu doit se lever et faire le ménage de sa cellule, c'est-à-dire balayer, amener ses ordures contre la porte, après avoir secoué et plié avec soin ses draps et couvertures, et les avoir placés sur son lit qu'il redressera le long du mur.

Les lits restent ainsi dressés jusqu'à la cloche du soir, qui indique la fermeture ou le coucher.

Le bidon d'eau est renouvelé tous les matins au moment de l'enlèvement des ordures; il devra, à cet effet, être posé près de la porte de la cellule.

Lorsqu'un détenu aura besoin de parler à son surveillant, il doit appuyer sur le bouton placé au-dessus de son lit dans l'épaisseur du mur, afin de faire tomber le signal qui est à l'extérieur, contre la porte; il importe de ne pas déranger un employé de son service sans motif réel.

Chaque fois que le détenu sort de sa cellule pour aller dans une partie quelconque de la maison, il doit emporter sa petite plaque de cellule pour se faire reconnaître et la présenter ou la remettre à toute réquisition, et il apportera toute la promptitude possible pour se rendre au parloir, au promenoir, au greffe et partout où il sera appelé.

Les détenus doivent s'adresser aux surveillants pour tous les renseignements dont ils ont besoin, mais ces renseignements leur seront toujours donnés à travers le guichet, les surveillants ne devant entrer et séjourner dans les cellules que dans des cas d'absolue nécessité.

Les condamnés à plus de trois mois, qui ont été placés en cellule pour bénéficier du quart de la réduction accordée par la loi du 5 juin 1875, doivent être appelés au greffe huit jours au moins avant la date de leur libération ; pour être fixés sur cette date, ceux qui n'auraient pas été appelés et qui pourraient se croire oubliés, ne doivent pas hésiter à en donner avis par lettre au directeur.

Le Mobilier de la Cellule d'un détenu valide se compose ainsi qu'il suit :

Une couchette en fer.
Un matelas de laine et crin.
Une couverture de laine beige (1 en été et 2 en hiver).
Deux draps de toile d'un lé.
Une table fixée au mur.
Un tabouret de bois.
Une gamelle de fer battu étamé.
Un bidon de fer battu étamé.
Un gobelet de fer battu étamé.

Une cuiller de bois.
Une terrine pour la toilette.
Un jégneux crachoir.
Un balai de piazava.
Un autre à pot de nuit.
Deux tablettes de bois blanc.

(Un traversin est oublié, et le — *pot de nuit* — n'existe pas.)

RÈGLES applicables aux détenus du quartier cellulaire et à ceux du quartier commun.

Toute personne (visiteur ou détenu) qui, au parloir, élèvera la voix plus qu'il n'est nécessaire, sera rappelée à l'ordre et obligée à quitter le parloir, s'il y a lieu.

Les détenus ne peuvent se faire assister du dehors que les jours de parloir et par les personnes seulement qui sont admises à les visiter.

Ils sont responsables de tous les dégâts, bris ou dégradations qu'ils peuvent faire. Ils peuvent se faire communiquer les tarifs des articles qu'on leur donne à confectionner. Les lettres qu'ils envoient au dehors ne doivent contenir que des renseignements utiles ou indispensables, sans parler de ce qui se passe dans la maison, ni de banalités ou d'indécences; pour être soumises au visa, elles doivent être remises décachetées; seules peuvent être remises cachetées comme dispensées du visa, les lettres adressées aux autorités administratives ou judiciaires et celles adressées par les prévenus à MM. les avocats; toutes les lettres doivent être signées du nom de famille de celui qui les écrit ou fait écrire, et indiquer les numéros de cellule et de division.

Le détenu qui veut former opposition à un jugement, interjeter appel ou faire un pourvoi en cassation, doit demander à son surveillant un modèle de la lettre à faire, puis lui remettre cette lettre sans l'avoir signée.

Le surveillant l'amènera alors au greffe, et le détenu apposera sa signature devant le greffier, qui doit la légaliser et la transmettre à qui de droit; les délais d'opposition sont de cinq jours, les délais d'appel sont de dix jours et les délais de pourvoi de trois jours.

Les détenus doivent s'adresser aux surveillants lorsqu'ils désirent aller à la visite médicale, ou voir l'aumônier, ou lorsqu'ils ont besoin d'un renseignement; si cet employé ne peut leur donner satisfaction, ils ont la faculté de s'adresser par lettre, cachetée ou non, au directeur.

Les détenus prennent un bain à leur entrée dans la maison et peuvent ensuite en obtenir un par mois.

Pour tous les dépôts d'argent faits au greffe de la maison au profit des détenus, il est délivré à ceux-ci dans les vingt-quatre heures, un récépissé signé du Directeur; le récépissé doit donc être réclamé par celui à qui il n'en aurait pas été donné.

Les détenus doivent apposer leur signature sur le registre de la maison où l'on a inscrit tous les vêtements, objets, bijoux ou valeurs trouvés sur eux au moment de leur entrée, et ils signent de nouveau lorsque ces divers articles leur seront remis.

Le service de propreté dans les couloirs et galeries, le service des bains et des infirmeries et divers autres menus services sont faits et assurés par des détenus nommés *auxilliaires* et salariés par l'administration; ces derniers ne sont, dans aucun cas, autorisés à demander une rétribution quelconque aux autres détenus.

Les détenus qui, à leur libération, désireraient recourir à la protection de la *Société de patronage* des détenus libérés, doivent en informer le Directeur par lettre, quelques jours avant l'expiration de leur peine.

Indépendamment de l'affiche des Prix de vente des articles vendus dans les cantines des prisons de Paris, il y a encore celle ci-contre dans les cellules de « *La Santé*. »

CANTINE

La cantine livre aux détenus qui en font la demande au prix de 0 fr. 40, la portion de ragoût comme suit :

Lundi, ragoût de mouton.
Mardi, id. de bœuf.
Mercredi, id. de porc.
Jeudi, id. de mouton.
Vendredi, id. de bœuf.
Samedi, id. de porc.
Dimanche, id. de mouton.

La demande des ragoûts devra être faite un jour à l'avance et payée au moment de la demande.

Cela prouve bien qu'avec de l'argent, on peut plus ou moins être heureux partout, car en dehors de cet avantage de cantine, les parents, en venant rendre visite, peuvent apporter aux condamnés des poulets, du pain blanc, des fruits, etc., excepté du vin, du café et des liqueurs.

Le vin doit être acheté à la cantine, le café et les liqueurs sont interdits.

Cette interdiction est parfaitement logique et salutaire.

Comme hygiène, l'homme, déjà excité par la privation de la femme, n'a nullement besoin d'aliments qui l'exciteraient davantage. Il a besoin pour calmer la nature, d'étude et de travail, le travail profite en tout et pour tous.

Lorsque l'on est dans le monde, c'est-à-dire en liberté, je dirai : travaillons, lorsqu'on est privé, je répète, travaillons plus que jamais, le travail instruit et enrichit, donc, travaillons, travaillons toujours, et encore, et quand même.

> *« L'esprit ne vieillit pas toujours avec le corps ;*
> *« il conservera de la grâce tant que le corps conser-*
> *« vera une douce chaleur. La tempérance et le tra-*
> *« vail y aident beaucoup. »*

Le mardi 18, j'adressais à Monsieur le Directeur de Mazas, la lettre suivante :

Paris (Prison de la Santé)
Mardi 18 septembre 1883.

Monsieur le Directeur,

« J'ose espérer que vous m'excuserez si, en quittant Mazas, je ne vous ai pas remis moi-même le diapason que vous avez eu la bonté de me prêter.

« Je n'ai pas besoin de vous dire combien les surveillants à Mazas sont pressés le matin. Ce mardi 11, jour de l'audience de mon appel, dès sept heures du matin, mon estimable gardien M. Cazanova venait me dire :

Tenez-vous prêt à partir, la voiture ne va pas tarder à venir ! Un instant après, c'était le sous-brigadier qui criait : Envoyez le 38. J'arrive. « Allons, placez-vous là, ne bougez pas ! etc. Etant si pressé, je donnai le diapason à mon gardien Cazanova, le priant de vous le remettre.

« Je ne me suis pas permis de vous faire souhaiter le bonjour, d'autant plus que je comptais avoir l'honneur de vous revoir, libéré ou non.

« Je ne crois pas non plus vous avoir offensé, Monsieur le Directeur, en vous adressant le même jour, de la conciergerie, un petit bout de lettre fait au crayon ; vous savez, Monsieur, qu'en prison, l'on n'obtient pas toujours ce que l'on désire, et j'étais si pressé de retourner chez vous.

« Le lendemain, mercredi 12, je vous écrivis de nouveau, et à chaque instant, j'espérais qu'on allait me dire : en route pour Mazas, mais il n'en fut rien. Etait-ce mon impolitesse (innocente) de vous avoir écrit au crayon, ou la chose vous a-t-elle été impossible ? ou bien encore, en apprenant que je n'avais plus que six semaines à passer en prison, vous serez-vous dit ceci : cela n'en vaut plus la peine ; toujours est-il que j'aurais préféré retourner à Mazas.

« J'ai reçu la visite de M. l'aumônier qui a eu la bonté de m'annoncer (avec regret) que, si comme à Mazas, je chantais aux offices religieux, je perdrais le bénéfice de ma cellule.

« Alors, Monsieur le Directeur, malgré tout le feu sacré qui m'anime pour la musique et le chant religieux, je n'ai pas poussé si loin l'amour de sainte Cécile. Je suis donc dans mes vacances de chant, ce qui me permettra de composer du nouveau, et de sortir plus grand et plus beau que jamais.

« En attendant, veuillez agréer, Monsieur le Directeur, mes salutations empressées et l'assurance de ma profonde gratitude pour les bontés que vous avez eues à mon égard. »

Votre serviteur : J.-A. V...

———

Le jeudi 20, j'adressais à M. le ministre de la justice la lettre suivante :

Paris (Prison de la Santé)
Jeudi 21 septembre 1883.

———

« Monsieur le Ministre,

« J'ai été arrêté le 4 mai dernier, pour un fait que j'aurais *peut-être* pu commettre le 25 juillet suivant, fait qualifié d'*escroquerie*, pour avoir refusé de rembourser, le 1er mai, à mon employé-*intéressé*, une somme de 375 francs qui, suivant contrat, ne devait être remboursable qu'au 25 juillet suivant. Le 31 de ce mois, après une longue instruction et prévention, j'ai été, de ce chef, condamné par la 8me chambre correctionnelle à *huit* mois de prison.

« J'ai immédiatement interjeté appel de ce jugement, et le 11 du présent mois, la Cour d'appel a réduit ma peine à *quatre* mois, toujours pour le fait que je n'ai pas commis, mais que j'aurais *peut-être* pu commettre. si je fusse resté en liberté.

« Ce raisonnement, cette morale sont, comme vous le voyez, Monsieur le Ministre, des plus ridicules.

« Enfin, mes *quatre mois* comptent à partir du 31 juillet dernier, et finiront donc (en cellule) au 31 octobre prochain. Mais comme j'ai cinquante-sept ans, et que c'est la première fois que je me trouve dans cette position, il me serait impossible d'y rester plus longtemps.

« Je n'ai cependant pas à me plaindre. A Mazas, j'ai trouvé deux moyens de communiquer avec le dehors. Ces moyens entrent et sortent tous les jours, et *jamais* vous ne pourrez les interdire, lors même que l'on doublerait, triplerait, quadruplerait la surveillance. Il faudrait d'abord commencer par abolir et réorganiser tous les règlements, placer un surveillant à chaque prisonnier et ne le quitter ni jour ni nuit, ce qui serait impossible ; car il faudrait préposer douze cents gardiens pour les douze cents individus qui se trouvent dans cette prison, chose qui ne serait pas à faire.

« Et surtout, Monsieur le Ministre, n'allez pas, comme on dit souvent en pareil cas, vous dire : « Cet homme est fou ! » Je ne le suis pas, je ne perds pas la raison, je sais parfaitement ce que je dis et ce que je fais ; mon système est aussi simple que l'œuf de Christophe Colomb, et cependant je défie tous les dieux de l'Univers, du ciel et de la terre, et même le diable de l'enfer, de le découvrir.

« Voici maintenant, Monsieur le Ministre, le but de ma lettre. Je viens vous proposer de jurer sur mon honneur de ne *jamais* publier ni dévoiler mon secret à qui que ce soit au monde, et pour n'importe quelle somme, si ce n'est à vous, en échange de ma liberté, pleine, entière et immédiate.

« Si vous acceptez ma proposition, faites-moi l'honneur de me recevoir en audience particulière ; vous me ferez prendre et ramener en voiture (pas cellulaire), et nous traiterons l'affaire.

« Deux jours après, je vous ferai parvenir mon secret, et vous jugerez de ce que peut le génie.

« Si vous repoussez ma proposition, alors, à ma liberté, je publierai mon secret, sans engager personne à s'en servir ; je ferai fortune par mon opuscule et les gouvernements de l'Europe, et même ceux d'outre-mer, pourront trembler.

« Réponse par retour du courrier, s'il vous plaît.

« En attendant, croyez, Monsieur le Ministre, à l'expression de mon plus profond respect, avec lequel j'ai l'honneur d'être votre très humble et tout dévoué serviteur. »

J.-A. V...

Par la lettre ci-dessus, le lecteur doit se trouver dans un étonnement extraordinaire, et, sans aucun doute, se demander quel peut être le moyen magique qui pouvait me faire *communiquer* avec le dehors d'une prison sans que personne pût le découvrir.

Le mercredi 26, j'adressais au même ministre la lettre suivante :

Paris (Maison de la Santé)
Mercredi 26 septembre 1883.

A Monsieur le Ministre de la Justice, à Paris.

« Monsieur le Ministre,

« N'ayant pas encore eu l'honneur de recevoir une invitation de votre part, d'après la lettre du vendredi 21 de ce mois, lettre que je me suis permis de vous adresser personnellement et confidentiellement.

6

« Je me permets aujourd'hui de venir vous la rappeler. Ne croyez pas, Monsieur le Ministre, que je sois de ces hommes qui ont la vanité de vouloir — poser — ou chercher à imposer. Je ne suis ni grand, ni ventru; j'ai à peine la taille militaire, c'est-à-dire que je suis plutôt petit que grand.

« Mais je n'en suis peut-être ni plus stupide, ni plus sot pour ça. En attendant l'honneur de votre réponse, j'ai trouvé plus simple de fabriquer mes instruments que de désirer d'abord d'être vu et entendu par vous.

« Ils sont maintenant prêts et peuvent vous être soumis séance tenante. J'ose, dès à présent, me flatter, Monsieur le Ministre, que, quand vous les verrez, vous en serez émerveillé, et que vous vous direz que, dans le monde, il y a bien des gens décorés qui ne l'ont pas mérité comme moi.

« Cependant, en échange de mon secret, je ne vous demande que la liberté qui m'a été enlevée injustement, et qui doit m'être rendue prochainement, puisque ma peine expire le 31 octobre prochain.

« Entre temps, croyez, Monsieur le Ministre, à l'assurance de mon profond respect, avec lequel j'ai l'honneur d'être votre très humble serviteur. »

J.-A. V...

P. S. — En me faisant chercher, vous voudrez bien, Monsieur le Ministre, donner ordre de me laisser sortir avec un tout petit paquet, sans devoir montrer ce qu'il contient au greffier de la prison, car peut-être le trouverait-il ridicule, et, par cette raison, m'empêcherait de lo sortir.

J.-A. V...
4e division, cellule n° 112.

En attendant une réponse plus ou moins favorable à cette lettre, je continuai à noter mes observations sur le régime et les règlements de mes prisons, ce qui m'amène à donner ici un résumé complémentaire de mon ouvrage.

RÉSUMÉ GÉNÉRAL

A la Santé, l'espace des promenades est plus large, mais plus court, plus propre ou plutôt plus neuf, mais pas aussi aéré. — *A Mazas,* on est au grand air. — *A la Santé,* on est entouré de murs de prison, le prisonnier se trouve enfermé dans une sorte de bataillon carré, l'espace que l'on a à parcourir est d'environ quarante petits pas en long et seize en large, dans le bas, vers la grille. La pierre pour s'asseoir qui se trouve dans cette espèce de cage y est en quelque sorte coquette, tandis qu'à *Mazas,* cette pierre est flanquée comme par la nature.

Dans cette promenade (ou promenoir) il règne, *à la Santé,* un silence de cimetière. Oh ! ce n'est pas gai, je dirai même que c'est fort triste... et qu'il faut une constitution jeune et robuste, en un mot, un courage et une force de cheval pour pouvoir y résister plusieurs mois sans languir et beaucoup souffrir. Non, dans le malheur, j'aime mieux *Mazas,* mais ce que j'aime bien mieux encore, c'est la liberté !

La nuit, pas de veilleurs, pas de surveillance comme à *Mazas.* — *A Mazas,* les rondes de nuit se font si doucement que certains pays de l'Europe pourraient, sans doute, bien venir étudier ces petites prévenances de surveillance.

A la Santé, chaque cellule a en outre du bidon à eau, une bouteille sur laquelle il y a une étiquette portant le numéro de la cellule. — *A Mazas*, comme à la *Conciergerie*, il n'y a rien de cela (je veux dire une bouteille), il est vrai que là, ils n'ont pas le temps d'être si méticuleux, il existe un trop grand mouvement d'arrivants et de partants. — *A Mazas,* il y a un bec de gaz dans chaque cellule. — *A la Santé*, il y en a un dans le mur dont la lumière reflète dans la cellule, ce qui est préférable pour bien des raisons. — *A la Conciergerie*, je crois qu'il n'y en a pas du tout. Il y a aussi *à la Santé*, une chose plus commode, c'est une sonnette (le signal d'appel), dont le cordon se trouve dans le mur, et, à l'aide d'un bouton placé à la tête du lit, permet au prisonnier, en cas où il se trouverait indisposé dans la nuit, de sonner (ou d'appeler) sans se déranger. — *A Mazas,* le cordon est librement pendu à côté de la porte de la cellule et on est obligé de se lever pour agiter la sonnette.

Notons que cette sonnette n'est qu'un gros morceau de fer qui fait bascule dans le couloir de la division et dont le bruit est entendu à l'autre bout dudit couloir, de sorte que le surveillant de garde, de jour ou de nuit, est toujours immédiatement averti qu'un prévenu, détenu ou condamné l'appelle à tel ou tel numéro.

A Mazas, pendant le jour, ils ne viennent quelquefois pas de suite, parce qu'ils ont souvent à faire au centre de la prison, et parce que le personnel n'y est pas suffisant.

Mais *à la Santé*, le gardien se présente immédiatement pour s'informer de ce que le prisonnier pourrait avoir besoin, et toujours avec la plus exquise politesse, ce qui est une grande consolation pour celui qui a le malheur de se trouver en prison.

A la Conciergerie, les gardiens sont suffisamment en nombre, mais sont aussi un peu trop — rigides — il y en avait même qui étaient un peu — *butors* — en 1883.

A Mazas, ce qui contribue au brouhaha de l'intérieur de cette maison, c'est le bruit de jour et de nuit des trains du chemin de fer de la gare de Lyon, qui se trouve trop près de cette prison, où la prison trop près du chemin de fer et de la ville.

A la Santé, la soupe est meilleure, et on en donne davantage qu'à *Mazas*. — *A Mazas,* la messe se dit (dimanches et fêtes) *après* la soupe, c'est-à-dire à neuf heures jusqu'à dix heures.

A la Santé, la messe se dit à huit heures *avant* la soupe. Là aussi, il y a des prisonniers qui y chantent l'office, partie en musique, partie en plein chant. Le dimanche 16 septembre, ils ont chanté, tant bien que mal, un morceau du répertoire de notre conservatoire des Quarante-Chanteurs montagnards de Bagnères-de-Bigorre. (Hymne à la Sainte Bannière), ce qui m'a été très sensible, d'autant plus qu'il y régnait un silence vraiment religieux.

A la Santé, on n'entend pas comme à *Mazas,* pendant l'office, ces cris — *sauvages* — partant de la Société des vagabonds et rôdeurs. Je crois même que si un des — *voyous* — s'avisait de crier, il serait vite enlevé, car les gardiens mêmes y marchent si doucement, qu'on les entend à peine. Voilà ce qui peut s'appeler une prison. *A Mazas,* c'est une véritable — *bamboche* — on y crie matin et soir et même dans le milieu de la journée.

A la Santé, je n'ai pas entendu ces cris de : *Bonsoir les amis, bonsoir la p'tite famille, bonsoir Jules, bonsoir Ugène, bonsoir l'écuyer, bonsoir fer à ch'val, bonsoir bras d'acier, bonsoir la souris, bonsoir la fourmi; youp! oh!*

hue les vaches, mort aux vaches, mort aux chevaux de bois, mort aux putins.

Les — *vaches* — c'est la police; les — *chevaux de bois* — ce sont les gardiens de la prison. N'est-ce pas véritablement sauvage?

Cependant, je ne désaprouve pas que l'on soit à *Mazas* moins sévère qu'à *la Santé.* — A *Mazas,* il y a de vrais innocents; à *la Santé,* cela est moins certain. — A *la Santé,* tous les détenus sont condamnés, tandis qu'à *Mazas,* un grand nombre de prévenus qui s'y trouvent ne font parfois que quelques semaines, même quelques jours de prévention (ceux qui sont de la famille des — *bidards* —), voilà sans doute pourquoi l'on y est moins sévère.

A la *Préfecture* comme à la *Conciergerie,* le silence y est également très rigoureusement observé.

Cette administration de prisons est donc en somme parfaitement gouvernée.

A *Mazas,* les cellules sont un peu plus grandes qu'à *la Santé;* mais à *la Santé,* elles sont plus claires, mieux aérées, les fenêtres sont plus basses et le double plus grandes que celles de *Mazas.* Mais la cellule quoique plus petite, ressemble plutôt à une chambre, car le parterre y est parqueté — *et ciré* — et chaque prisonnier est chargé d'y bien entretenir la propreté de ce parterre. Il est vrai qu'à côté de cela, il y en a fort peu qui y respectent les murs.

A *Mazas,* la literie est un matelas posé sur un hamac; à *la Santé,* c'est un matelas sur un lit de fer, qui, dans le jour, s'attache contre le mur, ce lit est beaucoup plus dur que celui de *Mazas.* — A *Mazas,* les gardiens sont assez familiers, il y a peut-être bien par ci par là quelques vieux — *grognards* — mais on est compensé par les politesses et les convenances, je dirai même les gracieusetés des autres.

A *la Santé,* ils sont moins nombreux et leur service est plus régulier, plus accéléré, mais ceux à qui il m'a été donné de parler, m'ont paru assez sérieux, cependant je les ai trouvés très polis, et même assez prévenants et considérants.

A *Mazas,* mon gardien de section se nommait, je l'ai déjà dit, Cazanova; il était, je dois le répéter, sérieux, *très sérieux* dans son service, mais néanmoins assez tolérant, peu parleur, sans être méchant, ni même contrariant. Il y avait parfois pour le remplacer, un assez beau blond qui s'appelait Rose; celui-là, était ce que l'on peut appeler un vrai — *bon vivant* —; il avait l'allure et la vivacité d'un brun, son service marchait carrément, mais toujours avec le sourire sur les lèvres, sans cependant se rendre familier avec le premier venu.

A *la Santé,* j'occupais, au 2e étage, la cellule portant le n° 112, encore de la 4e division. Là, mon gardien (assez joli brun), se nommait *Martin,* et je me fais un plaisir de lui témoigner, en passant, mes sincères compliments pour les bons procédés qu'il a employés à mon égard. Cet homme n'avait certainement jamais été employé à la *Préfecture* ni à la *Conciergerie,* car il n'était ni *brutal,* ni *fanfaron.* Il ne mettait dans son service, aucun excès de zèle; il n'était cependant ni moins sérieux, ni moins respecté que ses collègues.

A *Mazas,* les rondes de nuit ne se font pas que deux fois, mais continuellement; seulement le gardien, dans chaque partie de sa section, marche avec des chaussons et ouvre le guichet de votre porte avec précaution, dans la crainte de vous éveiller.

Et peut-être aussi pour vous surprendre, en cas où

vous soyez en train de mal faire ou de vous désespérer...
Et s'il y a de sa part un seul doute à ce sujet, il vous
met de suite la lumière jusqu'au jour. Et tout cela se fait
avec des égards et des convenances incroyables, par des
gens qui n'ont pas éprouvé votre malheur.

Par exemple, il ne fait pas bon être malade en prison,
car si le docteur ordonne une potion, on a largement
le temps de — *crever* — avant de l'obtenir.

A *Mazas*, les latrines sont plus propres, mais à *la
Santé*, elles sont plus hermétiquement fermées, ce qui,
en effet, est meilleur pour « la santé ». A *Mazas*, il y a
une chaise de paille attachée avec une chaîne à la table;
à *la Santé*, il y a un tabouret de bois, mais il est libre
ce qui est préférable.

A *la Santé*, la table n'est qu'une planche attachée au
mur; à *Mazas*, la table est une vraie table, avec un tiroir, ce qui est également préférable, en tous cas plus
commode.

A *Mazas*, les bidons à eau sont sans distinction de
cellule. — A *la Santé*, les mêmes bidons sont numérotés
et chacun garde le sien; l'auxiliaire est bien forcé de
donner le bidon qui correspond avec le numéro de la
cellule.

Ces petits détails semblent n'être rien, et sont beaucoup de choses pour celui qui a le malheur de devoir y
vivre, ne fût-ce que quelques mois.

Les barbiers (ils sont deux) qui, tous les jours, mon-
tent les deux étages et parcourent toutes les divisions,
depuis sept heures du matin jusqu'à cinq heures du
soir, reçoivent de l'Etat chacun 1 franc par jour. Ils doivent donc compter sur la générosité des prisonniers, qui
sont autorisés à leur donner des étrennes pour contribuer à faire, sinon leur fortune, au moins leur petite

pelotte, car s'ils doivent *râcler* gratuitement, il n'en est pas moins vrai que ces *Figaros* connaissent leur petit métier, tout comme les garçons de café.

Un autre citoyen employé et — favorisé — à *Mazas*, c'est le commissionnaire, qui n'est pas plus — bête — que les barbiers et qui, chaque matin, vient crier dans les couloirs des six divisions de cette prison :

(D'un ton nasillard)

A *Mazas*, là, ce sont les petits moineaux qui viennent manger le pain que les prisonniers jettent sur la pierre qui se trouve en dehors de la fenêtre, tandis qu'à *la Santé*, ce sont les rats qui, le soir, et même dans le jour, arrivent en grand nombre prendre leur repas.....

Ces aimables visiteurs ne me paraissaient pas aussi agréables que le hardi pierrot qui, de grand matin, venait avec sa pierrette causer... d'amour..., ce qui me plaisait beaucoup mieux que la présence et la conversation des rats.

Pourquoi y a-t-il des moineaux à *Mazas* et des rats à *la Santé*? Parce qu'à *Mazas*, il y a du bruit et (par antiphrase) *la Santé* est un tombeau ! Le pierrot aime la querelle et laisse au hibou les monuments lugubres et funèbres.

Mais, je n'avais pas à choisir, la magistrature (remarquez que je ne dis pas la justice), la magistrature, dis-je, m'avait mis là parce qu'elle l'avait voulu comme ça ; et comme « la force prime le droit » a dit le grand citoyen prussien Bismarck, tout était dit, je n'avais plus qu'à m'incliner.

En somme, il ne fait pas plus mauvais à *la Santé* qu'à *Mazas*, mais pour celui qui a les moyens ; ce qui est bien meilleur, c'est un bon dîner chez Brébant et coucher dans son propre lit. Et pour l'ouvrier, une bonne portion de lapin avec un bon verre de *p'tit bleu* à la barrière. Ça est bien meilleur. et c'est ce que je souhaite à mes lecteurs.

<hr>

Le mercredi 3 octobre, j'adressais à M. le Ministre de la justice la troisième lettre ci-contre.

A Monsieur le Ministre de la justice, à Paris.

« Monsieur le Ministre,

« Maintenant qu'est passée la fête de la réception de Sa Majesté le roi d'Espagne (il en faudrait bien douze pareilles par an, et pendant deux ou trois ans de suite, ça ferait reprendre les affaires industrielles, commerciales et financières qui sont depuis quelque temps en vraie décadence).

« Mais ce n'est nullement de politique ni du roi d'Espagne que je veux parler. Qu'il me soit permis, Monsieur le Ministre, de vous rappeler les deux lettres confidentielles que je me suis permis de vous adresser les 21 et 26 septembre dernier.

« Je me permettais de vous offrir, ou plutôt de vous faire connaître un secret de la plus haute importance et je tenais à ce qu'il fût connu de vous avant de l'être du public.

« Il consiste, ainsi que j'ai eu l'honneur de vous le dire,

en un moyen *magique* de correspondre perpétuelle-
ment et réciproquement avec le dehors et la rentrée
d'une prison, et tout particulièrement avec Mazas (ce
qui est le plus dangereux pour la sécurité publique).
Mes instruments sont actuellement dans ma cellule,
prêts à pouvoir vous les montrer, et je défie qui que ce
soit de les découvrir.

« Vous pouvez donc, Monsieur le Ministre, quand vous
le voudrez et par qui vous le jugerez bon, ordonner une
perquisition dans ma cellule. Et pourtant, en ce moment, j'ai cinq pièces d'instruments qui peuvent sortir
sans danger et tenir une correspondance (artificielle)
très étendue et prête à vous être exhibée. Je dis *artificielle*, en ce sens qu'elle est faite expressément pour avoir
l'avantage de vous être montrée.

« Or, Monsieur le Ministre, l'audience que j'ai l'honneur de solliciter pourrait s'appeler une petite *séance* de
physique ou de *magie*. Pourtant, je ne suis ni physicien
ni magicien, pas même mécanicien, puisque je ne suis
que musicien, c'est-à-dire compositeur de musique et
marchand de bijouterie (ruiné par ma captivité), et cependant, en prison, j'ai trouvé le moyen d'émerveiller,
et, qui plus est, de pouvoir troubler la sécurité des cours
et de la magistrature de l'Europe entière.

« Remarquez, je vous prie, Monsieur le Ministre, que
ma peine (injustement appliquée) se termine le 31 de ce
mois, et qu'en échange de mon secret, je ne vous demande que quelques jours de grâce.

« Si vous jugez, Monsieur le Ministre, ne pas devoir
accepter ma proposition, alors, à ma liberté, je serai
libre de publier mon secret par un petit opuscule, et ce
secret sera celui de *Polichinelle*, et de cette publicité, les
gouvernements pourront trembler, j'ose le répéter.

« Surtout, Monsieur le Ministre, n'allez pas prendre ceci pour une menace politique… Le romancier qui raconte les intrigues et les secrets; de quelle façon un crime a été commis ou pourrait se commettre, n'engage pas pour cela le lecteur ou le public à devenir criminel. Moi, je dirai tout simplement que j'ai usé de mon petit moyen (ou *truc*) comme plaisanterie, et je n'engagerai personne à en user.

« Ce que je ferai sera ma fortune, car tout le monde voudra lire mon petit livre, qui contiendra de grands moyens.

« Pourtant, Monsieur le Ministre, j'abandonnerais l'avantage de cette fortune (qui n'est pas une folie), pour ma liberté immédiate, et ce ne serait que quelques jours de grâce que vous m'accorderiez.

« En attendant, croyez, Monsieur le Ministre, à l'expression de mon plus profond respect, avec lequel j'ai l'honneur d'être votre très humble serviteur.

J.-A. V…

Paris, mercredi 3 octobre 1883.

———

Le Dimanche 14, j'adressais encore à M. le Ministre de la justice la lettre suivante :

Monsieur le Ministre,

« Ne recevant pas de réponses à mes lettres du 21, 26 septembre et 3 octobre, je conclus de là que vous vous êtes dit : laissons-le faire, la liberté de la presse existe, c'est très bien, mais la censure n'est pas abolie, et si un jour, nous voyons paraître l'opuscule dont cet homme nous parle, nous aurons bientôt fait d'en saisir jusqu'au dernier exemplaire, et au besoin, poursuivre l'auteur du chef de tentative contre la sûreté de l'Etat et de l'ordre public. Eh bien! Monsieur le Ministre, si telle est votre pensée, permettez-moi de vous dire qu'elle n'est pas charitable, et qu'il serait beaucoup plus humain, voyant ma naïveté, de dire : Monsieur, vous ne prévoyez donc pas que vous pourriez vous compromettre. Mais non, on se dit tout bonnement: Un auteur ingénieux doit avoir l'intelligence de prévoir jusqu'où il peut aller. Heureusement, Monsieur le ministre, que vous vous apercevez que cette intelligence m'est venue, et sur ce, je vous assure que quoi qu'il en soit, *jamais* je ne publierai mon secret. Mais, dans mon petit amour-propre, je suis peiné de ce que vous ne daignez seulement pas vous piquer de la curiosité de le voir, et de le connaître, ce secret, c'est peut-être un peu de vanité de ma part. Eh! mon Dieu, Monsieur le Ministre, quel est, en ce monde, l'homme qui n'en a pas eu un peu? le plus modeste en a encore dans sa modestie, ça doit être regardé comme un péché mignon. Or, moi, j'aurais été très fier de vous démontrer combien dans la solitude d'une prison, le génie de l'homme peut se développer. Et notez, Monsieur le Ministre, qu'en retour, je ne vous eusse plus demandé aucune grâce, cela n'en vaut plus la peine.

« Le 31 du courant, j'aurai terminé ma condamnation de *quatre mois*, jugé par la cour d'appel le 11 septembre dernier pour une soi-disant *escroquerie* que j'aurais peut-être bien pu commettre *trois mois plus tard* si on m'eût laissé en liberté, c'est-à-dire que l'on m'a arrêté le 4 mai dernier pour un fait que j'aurais *peut-être* pu commettre le 25 juillet suivant.

« Vous voyez, Monsieur le Ministre, que ma condamnation est d'un ridicule sans nom. Mais ça ne fait rien,

je suis victime d'une erreur, Dieu peut-être a voulu m'é-
prouver; j'accepte cette épreuve. D'honnête commerçant
que j'étais, je ne suis plus rien, mais pourtant je ne me
compte pas déshonoré, et malgré mon âge (57 ans) j'ai
encore assez de courage et d'énergie pour me relever, et
à l'avenir, être moins simple et moins naïf, c'est-à-dire
moins de bonne foi, mais plus perspicace, plus avisé,
plus scrupuleux et plus prévoyant dans mes nouvelles
entreprises industrielles ou commerciales.

« Mais ce n'était pas de ma condamnation que je voulais vous parler Monsieur le Ministre, c'est de ma *mys-
térieuse* et *ingénieuse... invention* dont je voudrais
avoir l'avantage de pouvoir (ainsi que je vous l'ai dit
plus haut) piquer votre curiosité, et qui vous donnera
une satisfaction égale à celle que me procurera l'honneur
de vous la communiquer.

Je vous le répète, Monsieur le Ministre, je n'ai pas
d'autre but que celui de satisfaire mon amour-propre et
de vous être agréable, d'autant plus que la chose mérite d'être vue.

« Ne me traitez pas d'importun, Monsieur le Ministre,
ne me considérez pas non plus comme un audacieux.
Mes lettres sont aussi respectueuses que les convenances
l'exigent.

Croyez à l'assurance de mon plus profond respect, avec
lequel j'ai l'honneur d'être votre très humble et tout
dévoué serviteur. »

J.-A. V...

Ancien professeur, compositeur de musique
de Bagnères-de-Bigorre (Hautes-Pyrénées).

Maison de la Santé, 4ᵐᵉ Div., Cellule N° 112

Le mardi 23, j'adressais à M. le Directeur de la prison la lettre suivante :

Paris (Maison de la Santé)
Mardi 23 octobre 1883.

—

« Monsieur le Directeur,

« Je me permets de vous adresser ces quelques lignes pour vous rappeler la promesse que vous m'avez faite lors de mon entrée chez vous. A ce moment, je vous demandais votre appui près de la Société de patronage des détenus libérés. Vous m'avez répondu que je m'y prenais un peu tôt, mais que quelques jours avant ma sortie je veuille vous renouveler ma demande. Dans huit jours, c'est-à-dire le 30 de ce mois, j'aurai terminé ma peine.

« J'étais honorablement établi, patenté, contribuable, et j'avais en outre un emploi d'artiste chantre d'Eglise.

« Ma détention (illégale) malheureuse, depuis le 4 mai dernier jusqu'à ce jour, m'a ruiné. Mon magasin est perdu, mes meubles saisis par le propriétaire. Ma femme et mon fils, agé de seize ans, réduits à loger dans un garni, attendant, pour vivre, le retour du chef de famille. La misère.... va me suivre, c'est pourquoi, Monsieur le Directeur, je serais très heureux, si, en sortant de cette prison, j'obtenais de quelques bons cœurs humanitaires, l'aide et la protection dont j'ai tant besoin.

« Veuillez je vous prie, Monsieur le Directeur, penser à moi. »

Votre très humble pensionnaire,

J.-A. V...

Je voulais savoir ce que cette prétendue œuvre philanthropique, présidée par M. le Sénateur Bérenger, allait pouvoir me procurer.

Le lendemain 27, j'adressais encore à M. le Directeur de la Santé la nouvelle lettre ci-contre :

Paris (Maison de la Santé)
Samedi 27 octobre 1883.

—

« Monsieur le Directeur,

« On vient dans ma cellule de coller une affiche où il est écrit : Les détenus condamnés à plus de trois mois, et qui ont été placés en cellule pour bénéficier du quart de la réduction accordée par la loi du 5 juin 1875, doivent être appelés au Greffe huit jours au moins, avant la date de leur libération, pour être fixés sur cette date. Ceux qui n'auraient pas été appelés et qui pourraient se croire oubliés, ne doivent pas hésiter à en donner de suite, par lettre, avis au Directeur.

« Or, Monsieur le Directeur, il m'aurait été fort difficile de connaître ce paragraphe sur l'autre affiche qui était devenue illisible, et je n'ai pas eu l'avantage d'être appelé par M. le Greffier; je sais cependant fort bien que, de droit, je dois être mis en liberté, mardi prochain, 30 du mois d'octobre, au matin, ayant été condamné (à 4 mois) le 31 juillet dernier, mais, craignant, sinon l'oubli du Greffe, au moins une erreur, je prends la liberté de me conformer au paragraphe susmentionné.

« Et je vous prie, Monsieur le Directeur, d'agréer mes civilités respectueuses. »

Votre pensionnaire,
J.-A. V...

4ᵉ Division, n° 104.

Cette lettre fut sans doute transmise par le Directeur au Greffe, car je reçus la réponse suivante :

« Lui faire connaître qu'il n'y a ni oubli, ni errreur au Greffe, qu'il part bien le 30 octobre courant et que ce n'est pas au Greffe, mais bien au cabinet de la Direction qu'il eût dû être appelé, si M. le Directeur l'avait jugé à propos.

Le Greffier,

(Signature illisible)

Comme si un prisonnier peut connaître à qui il doit s'adresser de droit ; mais voyons une autre lettre adressée en même temps au Greffier.

———

Le même samedi 27, j'adressais au Greffe de *la Santé*, la lettre suivante :

Paris (Maison de la Santé)
Samedi 27 octobre 1883.

—

« Monsieur le Greffier,

« Ayant été, le 31 juillet dernier, condamné à quatre mois, et placé en cellule, pour bénéficier de la grâce accordée par la loi du 5 juin 1875.

« Je dois être libéré mardi prochain 30 du courant.

« A cet effet, je prends la liberté de vous prier de me faire devenir votre très obligé, en m'accordant ce jour-là la faveur de me laisser passer l'un des premiers des libérés de cette date.

« Veuillez aussi, avoir la bonté de me préparer un

CERTIFICAT DE LIBÉRATION, pièce à laquelle je tiens
beaucoup pour me servir aux besoins de la cause (comme
on dit au Palais), me déclarant avoir été condamné le
31 juillet 1883, à quatre mois de prison pour ESCRO-
QUERIE, et libéré le 30 octobre de la même année.

« J'aurai aussi à vous demander une carte pour me
présenter à la SOCIÉTÉ de PATRONAGE des détenus libérés.

« Je vous remercie à l'avance, Monsieur, et croyez à
mes civilités empressées. »

J.-A. V...

À cette lettre, je recevais par écrit, la réponse suivante :

« Vous me demanderez un billet de sortie le jour de
votre départ. »

Le Greffier,
(Signature illisible).

Le dimanche 28, j'adressais au greffe la nouvelle et
dernière lettre ci-contre.

Paris (Maison de la Santé)
Dimanche 28 octobre 1883.

« Monsieur le Greffier,

« Je viens de m'assurer que les mois de cellule ne sont
que de trente jours ; alors, ce n'est pas mardi 30 octobre
que je dois être libéré, mais bien demain lundi 29 de ce
mois ; c'est du reste fort facile à compter.

« J'ai été condamné le mardi 31 juillet, à onze heures
du matin, jusqu'au 1er août, cela faisait un jour (ou une
nuit) ; or. de là à trente jours par mois, je dois, de droit,
être mis en liberté demain lundi 29, attendu que le 30

août me faisait un mois, et du 30 août au 31 cela me faisait un jour et du 31 au 1er septembre, cela me faisait deux jours, et ainsi de suite, du 29 septembre jusqu'au 29 octobre.

« Pardonnez mon griffonnage ; je n'ai pas d'autre papier et suis pressé de vous soumettre cette observation. Veuillez, je vous prie, la prendre de suite en bonne considération, et la communiquer, s'il vous plaît, à M. le Directeur.

J.-A. V...

A cette lettre, je recevais, par écrit, la réponse suivante :

« Vous partez le 30, et pour peu que cela vous paraisse par trop arbitraire, vous ne partirez que le 31, votre peine ayant commencé le 31 juilllet 83. »

Voyez-vous cette réponse brève ! cet air d'autorité ! — Voilà un particulier qui, sans doute, se croyait plus que le directeur lui-même. Que dis-je, le directeur ? Plus que le préfet de police : même plus que le ministre de la justice !.... Pauvre homme ! sans doute que ses occupations de greffier ne lui avaient jamais donné le temps de lire quelques pensées morales, quelques maximes composées par d'autres — *merles* — que lui ! A *la Santé*, le directeur était un homme juste mais sévère, et de là, M. le greffier se croyait un aigle.

A *Mazas*, le directeur était aussi imposant que l'exigeait sa mission, mais à côté de cela, il était doux, affable, considérant, très abordable, tout en conservant la dignité de son poste, et le greffier était aimable, complaisant, et surtout très poli, sans être pour cela plus bête qu'un autre.

Cette différence de graciéuseté tient sans doute de ce qu'à *Mazas*, il y a toujours plus de prévenus que de condamnés, et qu'à *la Santé*, il n'y a que des condamnés. Ceci me prouve, avec juste raison, qu'il y a des égards pour les prévenus, et qu'il n'y en a plus pour les condamnés (fussent-ils les plus innocents du monde), ils ne sont plus que des malfaiteurs, des *vauriens*, des *chiens galeux*. On peut les maltraiter à volonté ; s'ils répliquent, on les fourre dans un cachot comme des bêtes féroces ; s'ils réclament, on leur répond : « Vous partez le 30, et pour peu que cela vous paraisse trop arbitraire, vous ne partirez que le 31. » C'est épouvantable !

Le mardi 30 octobre, à 7 heures du matin, M. Martin, mon gardien, vint m'ouvrir la porte tout au large et me dit en souriant : « Allons Monsieur, c'est fini, prenez votre paquet et allez respirer l'air de la liberté, je vous souhaite une bonne santé et un meilleur avenir. »

Je descendis mes deux étages, et je repassai par toutes les formalités du greffe, là, je reçus la carte ci-contre pour aller me présenter au siège de cette Société philanthropique en faveur des prisonniers libérés, — qui désirent *serieusement* rentrer dans la bonne vie. — « Comme le dit cette carte » qui désirent — *sérieusement* — rentrer dans la bonne vie ; ces mots sont admirables !..., Quel est celui qui désirerait rentrer dans une mauvaise vie, s'il trouve du secours, de la protection, l'aide et la pitié, si pas la considération.

SOCIÉTÉ GÉNÉRALE POUR LE PATRONAGE DES LIBÉRÉS

RECONNUE COMME ÉTABLISSEMENT D'UTILITÉ PUBLIQUE

1º — La Société a pour but de ramener à une vie honnête et laborieuse les libérés adultes de l'un et de l'autre séxe qui, à la suite d'une enquête approfondie, lui paraissent susceptibles de revenir au bien.

Le patronage consiste surtout à procurer du travail aux libérés, à faciliter leur repatriement s'il y a lieu, et à leur accorder au besoin, une assistance matérielle. La Société provoque la réhabilitation des libérés qui remplissent les conditions exigées, à cet effet, par les lois *(Extrait des Statuts).*

2º — Les détenus qui désirent sérieusement rentrer dans la bonne vie out, seuls, intérêt à réclamer l'appui du patronage, ceux qui ne justifient pas la confiance de la Société et se montrent incorrigibles devant être punis plus sévèrement, pour ce motif, s'ils commettent un nouveau délit.

N. B. — *Se présenter avec le Bulletin de libération, tous les jonrs, 4, rue de la Cavalerie (Ecole militaire).*

SERONT EXCLUS DE LA FAVEUR DU PATRONAGE
LES LIBÉRÉS

1° Qui auront fait une fausse déclaration ;

2° Qui refuseront les emplois auxquels la Société les aura appelés.

3° Qui, envoyés au siège d'une administration quelconque ou au domicile d'un particulier en vue de leur placement, ne se rendront pas immédiatement à l'adresse indiquée ;

4° Qui, après avoir été placés, ne justifieront pas, par une conduite exemplaire, la confiance de l'œuvre.

A 9 heures, j'étais enfin dans les rues, respirant l'air à pleins poumons, mais le croirait-on? Je ne savais presque plus marcher. Je me rendis cependant aux bureaux de cette société, qui se trouve rue de la Cavallerie derrière l'école militaire, je ne trouvai personne si ce n'est la concierge, qui me dit que je devais aller rue de *Grenelle*, au ministère des postes et télégraphes.

Arrivé là, les bureaux étaient fermés, il fallait retourner le lendemain, et le lendemain j'arrivai trop tôt. Enfin, un autre jour, j'eus le bonheur de parler au *secrétaire du chef des bureaux* qui prit mes noms, prénoms, adresse, etc. en me disant que, n'ayant pas de métier manuel, la société ne pouvait rien faire pour moi. Mais cependant qu'elle ferait tout son possible pour me replacer dans une église, comme artiste chantre, à cette promesse je n'avais naturellement plus à déranger ces messieurs. Et à l'heure qu'il est je n'ai pas encore reçu de réponse.

Que dois-je penser de ce silence?

Que le luxe d'artistes chantres employés dans les églises se perd ?

Evidemment non, ce ne sera jamais. Le clergé tant bafoué...., tant calomnié...., est et *sera toujours* plus grand et plus fort que tous ceux qui veulent l'écraser... Et quant à cette société — *philantropique* — pour les prisonniers libérés, un — *gavroche* — pourrait dire que ce n'est, en somme, qu'une — BLAGUE; — mais, moi, je dirai qu'elle peut avoir du *bon*, pas pour tout le monde peut-être. Mais pour moi, il m'y a été donné de *bonnes* espérances, mais rien que des — *espérances*. — « Honni soit qui mal y pense! »

Entre temps, je me mis à écrire la présente brochure convaincu qu'elle aura un succès sans pareil, et que ma position se fera sans que je n'aie à me déranger.

Je remercie donc tous ceux qui ont voulu me *tuer* et je crie et crierai toujours et partout « Vive la Liberté! »

Du 30 octobre 1883, date de ma libération, au 30 mars 1884, date de la mise en page de cette brochure, il s'est écoulé *cinq mois*, et j'attends toujours, avec une patience angélique et une confiance inaltérable, la réalisation des promesses qui m'ont été faites.....

Cela prouve que j'ai la foi robuste; mais, comme sœur Anne, je ne vois rien venir!

Joseph-André VIGNIX.

Paris. — Imp. N.-M. Duval, rue de l'Echiquier, 17.

TABLE DES MATIÈRES